Från Ammas Hjärta

Samtal med

Shri Mata Amritanandamayi

Mata Amritanandamayi Center, San Ramon
Kalifornien, Amerika

Från Ammas Hjärta

Samtal med Shri Mata Amritanandamayi

Skriven och översatt från malayalam till engelska av
Swami Amritaswarupananda Puri

Översatt till svenska av Mira Parkfelt och Marika (Nirupama) Lilliehöök Hennix

Publicerad av:
Mata Amritanandamayi Center
P.O. Box 613
San Ramon, CA 94583
Amerika

———————————— *From Amma's Heart (Swedish)* ————————————

Första svenska upplagan: 2016

I Sverige:
www.amma.se
Facebook: Amma Sverige

I Indien:
inform@amritapuri.org
www.amritapuri.org

*Denna bok överlämnas vid vår högst
älskade Ammas Lotusfötter, till Amma som
är skönhetens och kärlekens källa.*

Innehåll

Aum Amriteswaryai Namah

Förord

Utan språk skulle människans existens vara eländig. Att utbyta idéer och känslor är en ofrånkomlig del av själva livet, men det är tystnaden som vi får genom bön och meditation verkligen hjälper oss att finna frid och sann lycka i denna bullriga värld av meningsskiljaktigheter och konkurrens.

Genom att iaktta hur Amma hanterar olika situationer och människor över hela världen, har jag sett den nåd och perfektion med vilken hon växlar från en sinnesstämning till en annan. I ena ögonblicket är Amma den oförlikneliga andliga Mästaren och i nästa den kärleksfulla Modern. Ibland antar hon barnets sinnesstämning, vid andra tillfällen en administratörs. Efter att ha fungerat som rådgivare till ledande vd:ar i affärsvärlden, prisbelönta forskare och världsledare, reser hon sig helt enkelt upp och går till darshanhallen där hon tar emot och tröstar tusentals av sina barn från alla samhällsskikt. Normalt tillbringar Amma hela sin dag och det mesta av natten med att trösta sina barn, lyssna på dem, torka deras tårar och ingjuta gudstro, självförtroende och styrka. Medan allt detta pågår förblir Amma i sitt naturliga, fridfulla tillstånd. Hon blir aldrig trött. Hon klagar aldrig. Hennes ansikte lyser ständigt med ett strålande leende. Amma, den extraordinära i en vanlig människas form, ägnar varje ögonblick av sitt liv åt andra.

I det vardagliga livet, där människor måste samspela och kommunicera i många situationer, är det svårt att vara i tystnad. Även om vår omgivning skulle befrämja stillhet, är det ändå inte så lätt att vara i tystnad. Det kan till och med göra vanliga människor tokiga. Ändå är den sanna naturen hos gudomliga personligheter som Amma, lycksalig tystnad.

Vad skiljer Amma från oss? Vad är hemligheten? Var får hon sin oändliga kraft och energi ifrån? Ammas närvaro ger svaren på dessa frågor så påtagligt och klart. Och hennes ord bekräftar det: "Skönheten i era ord, charmen i era handlingar, det vackra i era rörelser, beror helt på hur mycket stillhet ni skapar inombords. Människan har förmågan att gå djupare och djupare in i den stillheten. Ju djupare ni går desto närmare kommer ni oändligheten."

Den djupa tystnaden är själva kärnan i Ammas existens. Den villkorslösa kärleken, det otroliga tålamodet, den extraordinära behagfullheten och renheten - allt Amma förkroppsligar är uttryck för den djupa, vidsträckta stillhet hon åtnjuter.

Det fanns en tid då Amma inte talade som hon gör idag. En gång när hon tillfrågades om det sa hon: "Även om Amma talade, skulle ni inte förstå någonting." Varför? För att så okunniga som vi är har vi inte den minsta möjlighet att förstå de upphöjda och mest subtila upplevelser som Amma är förankrad i. Så varför talar Amma? Det är bäst att låta Ammas egna ord förklara: "Om ingen vägleder de som söker Sanningen, kanske de ger upp och tänker att det inte finns något sådant tillstånd som Självförverkligande.

Faktum är att Stora Själar som Amma hellre skulle förbli tysta än att tala om verkligheten, som ligger bakom den objektiva världens skeenden. Amma är väl medveten om att Sanningen, när den förmedlas genom ord, ofrånkomligen blir förvanskad och att vårt begränsade okunniga sinne kommer att misstolka det på ett sådant sätt att det stör vårt ego så lite som möjligt. Trots detta talar Amma, som är kärleken förkroppsligad, till oss, svarar på våra frågor, befriar oss från våra tvivel, väl medveten om att våra sinnen bara kommer att skapa fler och fler förvirrande frågor. Det är Ammas tålamod och obefläckade rena kärlek till mänskligheten som får henne att fortsätta svara på våra okunniga frågor. Hon kommer inte att sluta förrän också våra sinnen blivit tystade av lycksalighet.

I samtalen samlade i denna bok, sänker sig Amma, mästarnas Mästare, ner till sina barns nivå, för att hjälpa oss att få en glimt av den oföränderliga verklighet som ligger bakom den föränderliga världen.

Jag har samlat dessa visdomspärlor sedan 1999. Nästan alla samtal och underbara händelser i boken skrevs ner under Ammas resor i väst. När jag satt vid Ammas sida under darshan, försökte jag lyssna till de ljuvliga, gudomliga melodier som kom ur Ammas hjärta och som hon alltid är redo att dela med sina barn. Att fånga renheten, enkelheten och djupet i Ammas ord är inte lätt. Det är helt klart bortom min förmåga, men tack vare hennes oändliga kärlek har jag kunnat skriva ner dessa gudomliga yttranden och återge dem här.

Liksom Amma själv har även hennes ord en djupare dimension än de man först ser - de har en oändlig aspekt som det vanliga mänskliga sinnet inte kan uppfatta. Jag måste medge min egen oförmåga, att helt förstå och uppskatta den djupare meningen i Ammas ord. Våra sinnen, som driver omkring i den triviala materiella världen, kan inte ens börja förstå det högsta medvetandetillstånd som Amma talar från. Med det sagt känner jag starkt att Ammas ord samlade här är mycket speciella och på något sätt annorlunda än de man finner i tidigare böcker om henne.

Min uppriktiga önskan var att välja ut och presentera Ammas underbara, informella samtal med sina barn. Det tog mig fyra år att samla in dem. Inom sig rymmer de hela universum. Dessa ord kommer ur djupet av Ammas medvetande. Så, strax under ordens yta finns den lycksaliga tystnaden – Ammas sanna väsen.

Läs dem med hjärtat. Kontemplera och meditera på känslan och orden kommer att uppenbara sin inre mening.

Kära läsare, jag är säker på att innehållet i denna bok kommer att berika och intensifiera ert andliga sökande genom att ta bort era tvivel och rena era sinnen.

Swami Amritaswarupananda
15 september, 2003

Livets mening

En frågeställare: Amma, vad är meningen med livet?

Amma: Det beror på vad du prioriterar och hur du ser på livet.

Frågeställaren: Min fråga är, vad är den *verkliga* meningen med livet?

Amma: Den verkliga meningen är att uppleva det som ligger bortom denna fysiska tillvaro. Men alla ser olika på livet. De flesta människor ser livet som en ständig kamp för överlevnad och för dem gäller teorin att "den starkaste överlever." De är tillfreds med ett vanligt sätt att leva – till exempel att skaffa hus, jobb, bil, hustru eller man, barn och tillräckligt med pengar. Ja, det är viktiga saker, och vi behöver fokusera på våra dagliga liv och ta hand om våra förpliktelser och skyldigheter, både stora och små. Men det finns mer i livet, det finns en högre mening och den är att människan ska veta och inse vem hon verkligen är.

Frågeställaren: Amma, vad vinner jag på att veta vem jag är?

Amma: Allt. En känsla av total fullkomlighet, med absolut ingenting mer att uppnå i livet. Den insikten gör livet perfekt.

Oavsett hur mycket vi har samlat ihop eller strävar efter att förvärva, så upplever de flesta människor ändå att livet känns ofullständigt – som bokstaven "C." Det här glappet eller saknaden kommer alltid att finnas där. Bara andlig kunskap och förverkligandet av *Atman* (Självet) kan fylla det tomrummet och förena de två ändarna så att det blir som bokstaven "O." Endast kunskapen om "Det" kan hjälpa oss att känna oss förankrade i livets verkliga centrum.

Frågeställaren: Om det är så, hur är det då med de världsliga förpliktelserna som människan måste uppfylla?

Amma: Oavsett vilka vi är eller vad vi gör, de förpliktelser vi utför i världen ska hjälpa oss att uppnå den högsta *dharma*[1], vilket är enhet med det Universella Självet. Alla levande varelser är ett,

---

[1] *Dharma* betyder "det som upprätthåller universum." Dharma betyder sanningens lagar, kosmiska lagar eller naturlagar. Det betyder också rättfärdighet, i enlighet med den gudomliga harmonin, plikt, ansvar, rättvisa och godhet. Dharma betecknar religionens inre principer. Dharma innebär en saks eller varelses natur och dess riktiga funktioner och handlingar. Det är

eftersom livet är en enda enhet och livet bara har ett syfte. På grund av att vi identifierar oss med kroppen och sinnet kanske vi tänker: "Att söka Självet och uppnå Självförverkligande är inte min dharma. Min dharma är att arbeta som musiker, skådespelare eller affärsman/kvinna." Det är okej om vi känner så, men vi kommer aldrig att finna fullbordan om vi inte riktar vår energi mot det högsta målet i livet.

Frågeställaren: Amma, Du säger att syftet med livet för alla är Självets förverkligande. Men det verkar inte så eftersom de flesta människor inte uppnår det eller ens verkar sträva efter det.

Amma: Det beror på att de flesta människor inte har någon andlig förståelse. Det är vad som kallas för *maya*[2], den illusoriska kraften i världen som döljer Sanningen och håller mänskligheten åtskild från Sanningen.

Oavsett om vi är medvetna om det eller inte, så är livets verkliga syfte att förverkliga det gudomliga inom oss. Det finns mycket du kanske inte känner till i ditt nuvarande sinnestillstånd. Det är barnsligt att säga: "Det existerar inte eftersom jag inte är medveten om det." Allt eftersom situationer och erfarenheter utvecklas, öppnas nya och okända faser i livet som för dig närmare och närmare ditt eget verkliga Själv. Det är bara en tidsfråga. För några kanske detta förverkligande redan har hänt, för andra kan det hända när som helst och det finns de som förverkligar det i ett senare skede. Tro inte att det inte kommer att ske, bara

---

t.ex. eldens dharma att brinna. Människans dharma är att leva ett rättfärdigt liv och att utveckla ett högre medvetande.

[2] *Maya* (illusion) är den gudomliga kraft (slöja) bakom vilken Gud döljer sig. Denna slöja ger ett intryck av mångfald, så att det därigenom skapas en illusion av åtskillnad.

för att det inte har hänt ännu och kanske inte ens kommer att hända i det här livet.

Inom dig väntar en enorm kunskap på att få din tillåtelse att utvecklas. Men det kommer inte att ske förrän du tillåter det.

Frågeställaren: Vem skulle tillåta det? Sinnet?

Amma: Hela ditt väsen – ditt sinne, din kropp och ditt intellekt.

Frågeställaren: Är det en fråga om att förstå?

Amma: Det är en fråga om att förstå och att handla.

Frågeställaren: Hur kan vi utveckla den förståelsen?

Amma: Genom att utveckla ödmjukhet.

Frågeställaren: Vad är det som är så bra med ödmjukhet?

Amma: Ödmjukhet gör dig mottaglig för alla erfarenheter utan att döma dem. På det sättet lär du dig mer.

Det är inte bara fråga om intellektuell förståelse. Det finns många människor runt om i världen som har mer än nog av andlig information i sina huvuden. Ändå, hur många av dem är verkligen andliga och strävar genuint efter att nå målet eller ens försöker få en djupare förståelse av andliga principer? Mycket få, eller hur?

Frågeställaren: Så, Amma, vad är det verkliga problemet? Är det bristen på andlig tro eller svårigheten att komma ut ur huvudet?

Amma: Om du har sann tro kommer du automatiskt "att falla ner" i hjärtat.

Frågeställaren: Så är det bristen på tro?

Amma: Vad tror du?

Frågeställaren: Ja, det är bristen på tro. Men varför kallar Du det "att falla ner" i hjärtat?

Amma: Fysiskt talat är huvudet den allra översta delen av kroppen. För att komma därifrån till hjärtat måste man "falla ner." Men andligt talat så betyder det att stiga upp och att sväva högt.

Ha tålamod – du är en patient

En frågeställare: Hur kan man få verklig hjälp av en *Satguru* (sann Mästare)?

Amma: För att kunna ta emot hjälp, behöver du först acceptera att du är en patient och sen ha tålamod.

Frågeställaren: Amma, är Du vår läkare?

Amma: Ingen bra läkare går omkring och säger: "Jag är den bästa läkaren. Kom till mig. Jag ska bota dig." Även om en patient har den bästa läkaren, om patienten inte litar på läkaren, kan det hända att behandlingen inte hjälper särskilt mycket.

Oberoende av tid och plats är alla operationer som sker i livets operationssal utförda av Gud. Du har sett hur kirurger bär en ansiktsmask när de opererar. Ingen känner igen dem just då, men läkaren finns där alldeles bakom ansiktsmasken. På samma sätt, alldeles under ytan av alla livserfarenheter ligger Guds, eller Gurus, kärleksfulla ansikte.

Frågeställaren: Amma, blir Du hård mot dina lärjungar när det handlar om att ta bort deras egon?

Amma: Tycker du att en läkare som opererar en patient för att få bort cancer är hård? I så fall kan man säga att Amma[3] också

---

[3] När Amma talar om sig själv säger hon nästan aldrig "jag" utan hon hänvisar oftast till sig själv i tredje person som "Amma."

är hård. Men bara om Ammas barn samarbetar kommer hon att röra deras egon.

Frågeställaren: Vad gör Amma för att hjälpa dem?

Amma: Amma hjälper sina barn att se egots cancer – d.v.s. sina inre svagheter och sina negativa aspekter – och gör det lättare för dem att bli av med sina egon. Det är verklig kärlek.

Frågeställaren: Anser Du att de är dina patienter?

Amma: Det är viktigare att de själva inser att de är patienter.

Frågeställaren: Vad menar Du med att "om Ammas lärjungar sammarbetar"?

Amma: Tillit och kärlek

Frågeställaren: Amma, det här är en dum fråga, men jag kan inte låta bli att fråga. Förlåt om jag är för knasig.

Amma: Fråga på bara.

Frågeställaren: Hur många procent av Ammas operationer lyckas?

Amma skrattar högt och knackar honom mjukt på hjässan.

Amma: (Skrattar fortfarande.) Min son, framgångsrika operationer är mycket sällsynta.

Frågeställaren: Varför det?

Amma: Därför att egot inte tillåter de flesta människor att samarbeta med sin läkare. Deras egon hindrar läkaren från att göra ett bra jobb.

Frågeställaren: (Busaktigt) Det är Du som är läkaren, eller hur?

Amma: Jag vet inte.

Frågeställaren: Okej, Amma, vad är det egentligen som behövs för att en sån operation ska bli framgångsrik?

Amma: När en patient väl ligger på operationsbordet, kan han eller hon inte göra annat än hålla sig stilla, ha tillit till sin läkare och överlämna sig. Nuförtiden ger läkare bedövning även för mindre operationer. Ingen vill uppleva smärta. Människor vill hellre vara medvetslösa än att vara vakna och känna smärta. Bedövningsmedel, vare sig det gäller nedsövning eller lokalbedövning, gör att patienten inte är medveten om proceduren. Men när en sann Mästare arbetar på dig, på ditt ego, då föredrar Mästaren att göra det medan du är vid medvetande. Den gudomliga Mästarens kirurgi tar bort lärjungens cancerlika ego. Hela processen blir mycket lättare om lärjungen kan förhålla sig öppen och vid medvetande.

Dharmas verkliga mening

En frågeställare: Dharma förklaras på olika sätt av olika personer. Det är förvirrande att ha så många tolkningar för ett enda ord. Amma, vad betyder egentligen dharma?

Amma: Dharmas verkliga innebörd uppdagas först när vi upplever Gud som vår källa och vårt stöd. Du kan inte hitta den i ord eller böcker.

Frågeställaren: Det är den slutgiltiga dharman, eller hur? Men hur kan vi finna en mening som passar vårt dagliga liv?

Amma: Det kommer att uppenbaras för var och en av oss när vi går igenom livets olika erfarenheter. För vissa människor kommer uppenbarelsen snabbt. De finner snabbt den rätta vägen och de rätta handlingarna. För andra är det en långsam process. De kanske måste genomgå många försök och misslyckanden innan de kommer till en punkt i livet där de kan börja utföra sin dharma här i världen. Det betyder inte att vad de har gjort tidigare har gått till spillo. Inte alls! Det kommer att berika deras upplevelser och de kommer också att ha fått många lärdomar, förutsatt att de förblir öppna.

Frågeställaren: Om man lever ett normalt familjeliv med alla dess utmaningar och problem, hindrar det ens andliga uppvaknande?

Amma: Inte om Självförverkligande är vårt slutliga mål i livet. Om det är vårt mål, så formar vi alla våra tankar och handlingar på ett sätt som hjälper oss att uppnå det målet, eller hur? Vi kommer då alltid att vara medvetna om vårt verkliga mål. Någon som kör från en plats till en annan kanske stannar på flera ställen för att dricka kaffe eller för att äta, men han eller hon återvänder alltid till bilen. Även om de tar flera såna små raster, är de medvetna om sitt ursprungliga mål. Likaså, kanske vi gör uppehåll flera gånger i livet för att göra olika saker, men vi får inte glömma att återvända till fordonet som fört oss längs den andliga vägen och fortsätta framåt med våra säkerhetsbälten ordentligt fastsatta.

Frågeställaren: Säkerhetsbältena fastsatta?

Amma: Ja. När du flyger kan luftgropar skapa turbulens, och resan kan ibland bli skakig. Och även när man kör bil kan olyckor inträffa. Det är därför alltid bäst att vara försiktig och vidta säkerhetsåtgärder. På samma sätt kan det hända på den andliga färden att man upplever situationer som skapar psykisk och känslomässig oro. För att skydda oss själva från såna situationer, måste vi lyssna på en Satguru [sann Guru], ha självdisciplin och göra det rätta i livet. Det är det säkerhetsbälte som behövs på den andliga färden.

Frågeställaren: Så, vad för slags arbete vi än håller på med, får det inte distrahera oss från vår yttersta dharma, vilket är Guds-förverkligande. Är det så Du menar?

Amma: Ja. För er som vill leva ett liv i kontemplation och med-itation måste denna eld av längtan brinna inom er!

Dharma betyder "det som stödjer" – och det som stödjer livet och existensen är Atman [Självet]. Så, dharma, vilket van-ligtvis översätts som "vår plikt" eller den väg som en människa bör följa i världen, leder slutligen fram till Självförverkligande. I den meningen kan bara de tankar och handlingar som stöder vår andliga utveckling kallas för dharma.

Handlingar som utförs vid rätt tidpunkt, med rätt attityd och på rätt sätt är dharmiska. Känslan för rätta handlingar kan hjälpa oss att rena våra sinnen. Du kan vara företagare, chauf-för, slaktare eller politiker – det spelar ingen roll vad du har för slags arbete – om du utför ditt arbete med attityden att det är din dharma, ett sätt att uppnå *moksha* (befrielse från cykeln av födelse, död och omfödelse), då blir dina handlingar heliga. Det var så Vrindavans *gopis*[4], som livnärde sig på att sälja mjölk och smör, kom så nära Gud och slutligen fullkomnade livets mening.

---

[4] Gopierna var koherdinnor och mjölkerskor som levde i Krishnas hemvist, Vrindavan, och var Krishnas närmaste hängivna. De exemplifierar den mest intensiva gudshängivenheten.

Kärlek och den högsta kärleken

E n frågeställare: Amma vad är skillnaden mellan kärlek och den högsta kärleken?

Amma: Skillnaden mellan kärlek och den högsta kärleken är densamma som skillnaden mellan människan och Gud. Kärlek är människans natur medan den högsta kärleken är Guds natur.

Frågeställaren: Men den högsta kärleken är väl också människans sanna natur?

Amma: Ja, om man inser och förverkligar den sanningen.

Medvetande och medvetenhet

En frågeställare: Amma, vad är Gud?

Amma: Gud är rent medvetande. Gud är ren medvetenhet.

Frågeställaren: Är medvetande och medvetenhet samma sak?

Amma: Ja de är samma sak. Ju mer medveten du är, ju större är ditt medvetande och vice versa.

Frågeställaren: Amma, vad är skillnaden mellan materia och medvetande?

Amma: Det ena är på utsidan och det andra på insidan. Det yttre är materia och det inre är medvetande. Det yttre förändras medan det inre, den inneboende Atman [Självet], är oföränderlig. Det är Atmans närvaro som ger liv och upplyser allt. Atman är självlysande, men inte materien. Utan medvetande förblir materia okänt. Men när du går bortom alla skillnader, ser du att allt är genomsyrat av rent medvetande.

Frågeställaren: "Bortom alla skillnader", "allt är genomsyrat av rent medvetande" – Du ger alltid så vackra exempel. Amma, kan Du ge ett sånt exempel för att göra det tydligare?

Amma: (Leende) Tusentals såna vackra exempel kommer inte att stoppa sinnet från att upprepa samma frågor. Bara ren erfarenhet kan ta bort alla tvivel. Men, om intellektet blir lite mer tillfredsställt av ett exempel har Amma inget emot det.

Det är som att vara i en skog. När du är i skogen, ser du alla olika sorters träd och växter i all dess mångfald. Men när du lämnar skogen och går därifrån och ser tillbaka, så ser du hur träden och växterna så småningom försvinner, tills du slutligen ser allting som en enda skog. På samma sätt, när du går bortom sinnet så försvinner dess begränsningar i form av triviala begär och alla skillnader som skapats av känslan av "jag" och "du." Då kommer du att börja uppleva allt som ett enda Själv.

Medvetandet existerar alltid

En frågeställare: Om medvetandet alltid är närvarande, finns det något övertygande bevis på dess existens?

Amma: Din egen existens är det mest övertygande beviset för medvetandet. Kan du förneka din egen existens? Nej, därför att även din förnekelse är bevis på att du finns till, eller hur? Antag att någon frågar, "Hallå, är du där?" Och du svarar, "Nej, det är jag inte." Även det negativa svaret bevisar helt och tydligt att du är där. Du behöver inte ens svara ja. Att bara neka till det är bevis nog. Så, Atman (Självet) kan man inte på något sätt tvivla på.

Frågeställaren: Om det är så, varför är det då så svårt att nå den upplevelsen?

Amma: "Det som är" kan bara upplevas när vi är medvetna om det. Annars förblir det okänt för oss, trots att det existerar. Det är helt enkelt så att sanningen om det som är, har varit okänt för oss. Tyngdlagen existerade innan den upptäcktes. En sten som kastas uppåt måste alltid komma ner igen. På samma sätt är medvetandet alltid närvarande inom oss, nu, i detta ögonblick, även om vi kanske inte är medvetna om det. Faktum är att bara det nuvarande ögonblicket är verkligt. Men för att uppleva detta, behöver vi ett nytt synsätt, nya ögon och till och med en ny kropp.

Frågeställaren: "En ny kropp"? Vad menar Du med det?

Amma: Det betyder inte att den kropp du har kommer att försvinna. Den kommer att se likadan ut, men den kommer att genomgå en subtil förändring, en förvandling. För bara då kan den rymma det ständigt expanderande medvetandet.

Frågeställaren: Vad menar Du med expanderande medvetande? Upanishaderna[5] säger, *"purnamada purnamidam ..."* (Det här är det hela, det där är det hela...), så jag förstår inte hur det redan perfekta medvetandet kan växa.

Amma: Det är alldeles sant. Men på individens eller den materiella nivån, upplever den andliga sökaren att medvetandet expanderar. Den totala *shaktin* (den gudomliga energin) är naturligtvis oföränderlig. Även om det från det vedantiska[6] sättet att se inte finns

---

[5] Upanishaderna är en samling av de filosofiska delarna av Vedaskrifterna, som behandlar *advaita* (icke-dualism) eller den yttersta kunskapen och hur den högsta Sanningen kan uppnås.

[6] Hinduismens andliga filosofi om icke-dualism.

någon andlig process, finns det ändå för individen en så kallad väg, mot ett tillstånd av perfektion. När du väl uppnår Målet, kommer du också att se att hela processen, inklusive din andliga färd var overklig, eftersom du alltid har varit där, i det tillståndet – du har aldrig varit avskild från det. Till dess den slutliga Upplysningen inträffar, sker det en expansion av medvetandet, som beror på *sadhakens* (den andliga sökarens) utveckling.

Vad händer när du t.ex. öser vatten ur en brunn? Brunnen fylls genast på nytt av vattnet från ursprungskällan. Källan kommer ständigt att fortsätta fylla på brunnen. Ju mer vatten du öser upp, desto mer vatten strömmar fram ur källan. Så man kan säga att vattnet i brunnen fortsätter att öka. Källan sinar aldrig. Brunnen är full, och förblir full eftersom den för evigt står i kontakt med källan. Brunnen fortsätter ständigt att bli perfekt. Den fortsätter att expandera hela tiden.

Frågeställaren: (Efter en eftertänksam tystnad) Det är mycket tydligt, men låter ändå komplicerat.

Amma: Ja, sinnet kommer inte att förstå det. Amma vet det. Det lättaste är det svåraste. Det enklaste förblir det mest komplicerade. Och det som är närmast verkar vara längst bort. Det kommer att förbli en gåta tills du förverkligar Självet. Det var därför *rishierna* (Indiens forntida siare) beskrev Atman som "mer fjärran än det mest fjärran och närmare än det närmaste."

Mina barn, människokroppen är ett mycket begränsat instrument. Den kan inte rymma det obegränsade medvetandet. Men, liksom med brunnen, när vi är i kontakt med Shaktis eviga källa, kommer vårt medvetande fortsätta att expandera inom oss. När man en gång uppnår det yttersta tillståndet av *samadhi*[7] (människans naturliga tillstånd), då börjar sambandet mellan kropp och själ, mellan Gud och världen, att fungera i perfekt harmoni. Då, finns det ingen utveckling, ingenting. Du förblir ett med medvetandets oändliga ocean.

---

[7] *Samadhi* är ett tillstånd av djup koncentration i vilket alla tankar avtar, sinnet ingår i en total stillhet där endast det rena medvetandet återstår och man förblir i Atman eller Självet.

Inga anspråk

En frågeställare: Gör Amma anspråk på något?

Amma: Gör anspråk på vad?

Frågeställaren: Att Du är en inkarnation av den Gudomliga Modern eller en fullkomligt Upplyst Mästare osv.

Amma: Går ett lands president eller premiärminister omkring och säger, "Vet ni vem jag är? Jag är presidenten eller premiärministern!"? Nej, de är vad de är. Även att hävda att man är en *Avatar* (Gudsinkarnation) eller att man är Självförverkligad innefattar ett ego. Faktum är att om någon påstår att de är en inkarnation, en perfekt själ, så är det i sig själv bevis på att de inte är det.

En perfekt Mästare gör inga såna anspråk. Genom sin ödmjukhet utgör Mästaren alltid en god förebild för världen. Kom ihåg att Självförverkligande inte gör dig speciell. Det gör dig ödmjuk.

Du behöver varken vara Självförverkligad eller äga någon unik förmåga för att kunna göra anspråk på att vara något. Det enda du behöver för att göra det är ett stort ego, en falsk stolthet. Och det är just det den perfekta Mästaren inte har.

Viktigt med en Guru på
den andliga vägen

En frågeställare: Varför anses Gurun vara så viktig på den andliga vägen?

Amma: Men kära barn, tala om för Amma om det finns någon väg i livet eller något arbete du kan lära dig utan hjälp av en lärare eller guide? Om du vill lära dig att köra bil, så måste du ta lektioner av en erfaren förare. Ett barn måste lära sig hur man knyter sina skor. Och hur kan du lära dig matematik utan lärare? Även en ficktjuv behöver någon som lär honom konsten att stjäla. Så om lärare är nödvändiga i det vanliga livet, behövs de väl ännu mer på den andliga vägen, som är ytterst subtil?

Om du vill åka till en avlägsen plats, vill du kanske köpa en karta. Men hur mycket du än studerar kartan, om du är på väg mot ett helt främmande land, ett okänt ställe, så kan du inte veta något om det stället förrän du verkligen kommit fram. Kartan kan inte heller säga dig mycket om själva resan, om backarna eller möjliga faror på vägen. Därför är det bättre att få vägledning från någon som redan har gjort den resan, någon som kan vägen av egen erfarenhet.

Vad vet du om den andliga vägen? Den är en helt okänd värld, en okänd väg. Du kanske har fått en del information från böcker eller människor. Men när det gäller att verkligen göra det, att uppleva det, då är en Satgurus (sann Mästares) vägledning helt nödvändig.

Ammas läkande beröring

En dag kom en av organisatörerna för Ammas Europaturné fram till Amma med en ung kvinna. Kvinnan storgrät. Han sa till mig, "Hon har en mycket sorglig historia att berätta för Amma." Med tårarna rinnande nerför ansiktet, berättade kvinnan för Amma att hennes pappa hade lämnat hemmet när hon var fem år gammal. Som liten brukade hon fråga sin mamma var hennes pappa fanns någonstans. Men mamman, som haft ett mycket dåligt förhållande med pappan, hade aldrig något positivt att säga om honom. Allt eftersom åren gick, avtog den unga kvinnans nyfikenhet på sin pappa.

För två år sedan - 20 år efter att hennes pappa försvann - dog den unga kvinnans mamma. När hon gick igenom mammans tillhörigheter fann hon häpen sin pappas adress i en av mammans gamla dagböcker. Hon hittade snart hans telefonnummer och kände sig så upphetsad att hon inte kunde låta bli att genast ringa honom. Dotterns och pappans glädje kände inga gränser. När de hade pratat en lång stund, bestämde de sig för att träffas. Pappan skulle köra till byn där dottern bodde och de bestämde en viss dag. Men ödet blev extremt grymt och skoningslöst. När pappan var på väg för att träffa sin dotter dog han i en olycka.

Den unga kvinnan var helt förtvivlad. Hon kallades till sjukhuset för att identifiera sin pappa och hans kropp överlämnades i hennes vård. Det går inte att föreställa sig hur förkrossad hon var. Hon hade sett så oerhört mycket fram emot att få träffa sin pappa, som hon inte sett på 20 år och det enda hon till slut fick se av honom var hans döda kropp! För att göra saken värre, berättade läkarna för henne att olyckan inträffat för att pappan fått en hjärtattack medan han körde. Det var möjligt att det kunde berott på att han varit så glad och upphetsad över tanken på att få se sin dotter efter så många år.

Den morgonen när Amma tog emot den unga kvinnan, blev jag vittne till en av de vackraste och mest gripande *darshan* jag någonsin sett. Medan kvinnan grät ur djupet av sitt hjärta torkade Amma sina egna tårar, som strömmade nerför hennes ansikte. Amma omfamnade kvinnan ömt och lade hennes huvud i sitt knä. Hon torkade hennes tårar, smekte och kysste henne och sa kärleksfullt: "Min dotter, mitt barn, gråt inte!" Kvinnan kände sig lugn och tröstad av Amma. Det var nästan ingen hörbar kommunikation mellan dem. Jag upplevde detta så öppet jag kunde och fick lära mig ännu en viktig lektion om hur ett hjärta kan läka och hur det sker i Ammas närvaro. Det fanns en tydlig förändring i kvinnan när hon gick därifrån. Hon verkade mycket lättad och avslappnad. Just när hon skulle gå vände hon sig till mig och sa, "Efter att ha träffat Amma, känner jag mig lätt som en blomma!"

Amma använder mycket få ord vid såna intensiva tillfällen, speciellt när det gäller att ta del av andras smärta och sorg. Bara tystnad tillsammans med djup känsla kan återspegla andras smärta. När såna situationer uppstår, talar Amma med ögonen, hon tar del av sitt barns smärta och uttrycker sin djupa kärlek, oro, engagemang och omsorg.

Som Amma säger, "Egot kan inte läka någon. Att tala avancerad filosofi på ett fint språk kommer bara att förvirra folk. Å andra sidan kan en blick eller en beröring av en person utan ego, lätt lyfta bort moln av smärta och förtvivlan från sinnet. Det är det som leder till verklig läkning."

Dödens smärta

E n frågeställare: Amma, varför finns det så mycket rädsla och smärta i samband med döden?

Amma: Att känna sig för mycket fäst vid kroppen och världen, skapar smärta och rädsla för döden. Nästan alla tror att döden innebär fullständig utplåning. Ingen vill lämna världen och försvinna i intet. När vi känner ett starkt band, kan processen att släppa taget om kroppen och världen bli smärtsam.

Frågeställaren: Kommer döden att bli smärtfri om vi växer ifrån den bundenheten?

Amma: Om man kan släppa bindningen till kroppen, blir döden inte bara smärtfri, den blir en lycksalig upplevelse. Du kan då iaktta din kropps död. En obunden attityd gör döden till en helt annan upplevelse.

Många människor dör i fruktansvärd besvikelse och frustration. De är helt upptagna av djup sorg och kan få tillbringa sina sista dagar i ångest, smärta och förtvivlan. Varför? Därför att de aldrig lärt sig att släppa taget om och frigöra sig från sina meningslösa drömmar, begär och bundenhet. Dessa människors ålderdom och speciellt deras sista dagar kan bli mycket svåra. Det är därför som visdom är så viktigt.

Frågeställaren: Blir man vis när man blir äldre?

Amma: Det är den allmänna uppfattningen. Efter att ha sett och upplevt allt och gått igenom livets olika faser är det meningen att visdomen ska mogna. Men det är inte så lätt att nå den visdomen, särskilt inte i dagens värld där människor blivit så självupptagna.

Frågeställaren: Vilken grundläggande egenskap behöver man utveckla för att vinna den sortens visdom?

Amma: Ett kontemplativt och meditativt liv. Det ger oss möjligheten att gå djupare in i våra olika livserfarenheter.

Frågeställaren: Amma, eftersom de flesta människor varken har en kontemplativ eller meditativ läggning, fungerar detta verkligen praktiskt för dem?

Amma: Det beror på hur stor vikt man fäster vid det. Kom ihåg att en gång i tiden var kontemplation och meditation en väsentlig del av livet. Det är därför så mycket kunde uppnås då, trots att vetenskap och teknologi inte var lika utvecklade som de är idag. De slutsatser som gjordes på den tiden fortsätter att ligga till grund för vad vi gör idag.

I dagens värld accepteras ofta inte det som är viktigast, eftersom det anses vara "opraktiskt." Detta är ett av kännetecknen för *kali yuga*, materialismens mörka tidsålder. Det är lätt att väcka en människa som sover, men svårt att väcka någon som låtsas sova. Är det någon idé att hålla upp en spegel framför en blind människa? I vår tidsålder föredrar folk att blunda för Sanningen.

Frågeställaren: Amma, vad är sann visdom?

Amma: Det som hjälper oss att göra livet enkelt och vackert är sann visdom. Det är den rätta förståelsen man får genom rätt urskiljning. När man verkligen tagit till sig den kvalitén återspeglas den i ens tankar och handlingar.

Mänskligheten i dag

En frågeställare: Vilket andligt tillstånd befinner sig mänskligheten i för närvarande?

Amma: Allmänt talat så är det ett enormt andligt uppvaknande över hela världen. Människor håller verkligen på att bli mer och mer medvetna om att man behöver leva ett mer andligt liv. Men de söker inte direkt andlighet. New Age-filosofi, yoga och meditation blir mer populära i västerländska länder än någonsin tidigare. Att utöva yoga och meditation har blivit på modet i många länder, speciellt bland överklassen. Den grundläggande idén att leva i harmoni med naturen och efter andliga principer håller på att bli accepterade även bland ateister. Överallt kan man se en inre längtan och en känsla av att det är bråttom med en förändring. Det är onekligen ett gott tecken.

Men å andra sidan, finns ett okontrollerbart ökat inflytande av materialismen och materiella nöjen. Om det fortsätter på det här viset, kommer det att orsaka en allvarlig obalans. När det handlar om materiella nöjen, har människor väldigt dålig urskiljning och deras inställning är ofta både ointelligent och destruktiv.

Frågeställaren: Finns det något nytt eller speciellt med den här tiden?

Amma: Man kan säga att varje ögonblick är speciellt. Trots det är den här tiden speciell därför att vi nästan har nått en av mänsklighetens höjdpunkter.

Frågeställaren: Jasså? Vad är det för höjdpunkt?

Amma: Höjden av ego, mörker och själviskhet.

Frågeställaren: Amma skulle Du kunna utveckla det här lite mer.

Amma: Enligt forntidens rishier finns det fyra *yugas* (tidsåldrar): *satya yuga, treta yuga, dwapara yuga* och *kali yuga*. För närvarande befinner vi oss i kali yuga, materialismens mörka tidsålder. Först kommer satya yuga, en tid då bara sanning och ärlighet existerar. Efter att ha genomlevt de andra två treta och dwapara yugas, har nu mänskligheten nått kali yuga, den sista tidsåldern, som är menad att kulminera i en ny satya yuga. Men när vi kom in i, uppehöll oss i och kom ut ur treta och dwapara yuga, förlorade vi också många fina värderingar, som sanning, kärlek, medkänsla o s v. Sanningens och ärlighetens tidsålder var en höjdpunkt. Treta och dwaparas tidsåldrar kom i mitten, när vi fortfarande bibehöll lite av dharma (rättfärdighet) och *satya* (sanning).

Nu har vi nått en annan höjdpunkt, nämligen *adharmas* (orättfärdighetens) och *asatyas* (oärlighetens) tidsålder. Bara genom att vi lär oss att bli ödmjuka kan vi människor få hjälp att förstå vilket mörker som nu omger oss. Ödmjukhet kommer att förbereda oss för att ta oss upp till ljusets och sanningens höjder. Låt oss be för att människor från alla livsåskådningar och kulturer över hela världen lär sig ödmjukhet, vilket är det som behövs i denna tidsålder.

Genväg till Självförverkligande

En frågeställare: I dag söker människor genvägar till alla fördelar. Finns det någon genväg till Självförverkligande?

Amma: Det är som att fråga, finns det någon genväg till mig själv? Självförverkligande är vägen till ditt eget Själv. Så det är lika lätt som att trycka på en knapp och tända ljuset. Men, du måste veta vilken knapp du ska trycka på och hur, därför att den här knappen finns gömd inne i dig själv. Man kan inte finna den någonstans utanför sig själv. Det är till det du behöver hjälp av en Gudomlig Mästare.

Dörren är alltid öppen. Du behöver bara gå in.

Att göra andliga framsteg

En frågeställare: Amma jag har mediterat i många år nu. Men jag tror inte att jag gör några riktiga framsteg. Gör jag något fel? Tror Du att jag gör de rätta andliga övningarna?

Amma: Först och främst vill Amma veta varför du tror att du inte gör framsteg. Vad är dina kännetecken för andlig utveckling?

Frågeställaren: Jag har aldrig sett några syner.

Amma: Vad för slags syner förväntar du dig?

Frågeställaren: Jag har aldrig sett något gudomligt blått ljus.

Amma: Varifrån har du fått idén att man ska se ett blått ljus?

Frågeställaren: En av mina vänner har berättat det. Jag har läst det i böcker också.

Amma: Min son, ha inga onödiga idéer om din *sadhana* (andliga övningar) och din andliga utveckling. Dina egna idéer om andlighet kan bli till stötestenar på vägen. Du gör rätt sadhana, men din attityd är felaktig. Du väntar på att ett gudomligt blått ljus ska dyka upp framför dig. Det underliga är att du har absolut ingen aning om vad gudomligt ljus är, ändå tror du att det är blått. Vem vet, det kanske redan har visat sig, men du förväntade dig ett speciellt blått ljus. Tänk om det Gudomliga bestämde sig för att visa sig som ett grönt eller rött ljus? Då kanske du har missat det.

En son berättade en gång för Amma att han väntade på att ett grönt ljus skulle visa sig i hans meditationer. Så Amma bad honom att vara försiktig när han körde bil eftersom han kanske skulle köra genom röda ljus i tron att de var gröna! Såna idéer om andlighet är verkligen farliga.

Min son, att uppleva frid under alla omständigheter är målet för alla andliga övningar. Allt annat – vare sig det är ljus, ljud eller former – kommer och går. Även om du upplever några visioner, så är de tillfälliga. Den enda varaktiga upplevelsen är fullkomlig frid. Den friden och upplevelsen av jämnhet i sinnet är sannerligen det andliga livets sanna frukter.

Frågeställaren: Amma är det fel att önska sig såna upplevelser?

Amma: Amma skulle inte säga att det är fel. Men fäst inte för stor vikt vid dem, för det kan fördröja din andliga utveckling. Om de inträffar, låt det hända. Det är rätt attityd.

I början av det andliga livet finns det en massa missförstånd och felaktiga uppfattningar om det andliga livet, som beror på för stor iver och låg medvetenhet. Till exempel, vissa personer är som galna efter att få visioner av gudar och gudinnor. Att längta efter att se olika färger är ännu ett begär. Många känner sig dragna till vackra ljud. Hur många människor slösar inte bort hela livet på att jaga efter *siddhis* (yogakrafter)! Det finns också de som är ivriga att genast uppnå ett tillstånd av samadhi och moksha (Befrielse). Folk har hört så många historier om *kundalini*-uppvaknande[8] också. En sann andlig sökare är aldrig besatt av såna idéer. De här idéerna kan mycket väl fördröja vår andliga utveckling. Det är därför viktigt att ha en klar förståelse för det andliga livet och att man närmar sig det på ett hälsosamt och intelligent sätt från

---

[8] *Kundalini* är en andlig energi som ligger längst ner i ryggslutet.

allra första början. Att utan urskiljning lyssna till vem som helst som påstår sig vara en mästare och läsa böcker utan att noggrant välja, späder på förvirringen.

En Självförverkligad själs sinne

E n frågeställare: Hurdant sinne har en Självförverkligad själ?

Amma: Det är ett sinne utan sinne.

Frågeställaren: Är det inget sinne?

Amma: Det är expansivt.

Frågeställaren: Men en *Mahatma* (Stor Själ) samspelar ju också med världen. Hur är det möjligt utan ett sinne?

Amma: Naturligtvis "använder" de sina sinnen för att samverka med världen. Men det finns en stor skillnad mellan det vanliga mänskliga sinnet, som är fyllt med diverse tankar och en Mahatmas sinne. En Mahatma använder sinnet, men vi blir använda av sinnet. De är inte beräknande utan spontana. Spontanitet är hjärtats natur. En person som är alltför identifierad med sinnet kan inte vara spontan.

Frågeställaren: Majoriteten av världens befolkning identifierar sig med sina sinnen. Menar Amma att alla de har en manipulativ karaktär?

Amma: Nej, det finns många tillfällen när folk identifierar sig med sina hjärtan och dess positiva känslor. När människor är vänliga, medkännande och omtänksamma mot andra, då är de mer i sina hjärtan än i sina sinnen. Men kan de alltid uppföra sig så? Nej, folk är oftare identifierade med sinnet. Det är det Amma menar.

Frågeställaren: Om förmågan att vara i harmoni med hjärtats positiva känslor finns slumrande i alla, varför händer det inte oftare?

Amma: Därför att i ditt nuvarande tillstånd är sinnet kraftfullare. För att kunna vara kvar i harmoni med hjärtats positiva känslor, behöver du förstärka kontakten med tystnaden som finns i ditt andliga hjärta och minska kontakten med ditt bullrande sinne som bara stör.

Frågeställaren: Hur kan en person bli spontan och öppen?

Amma: Mindre inblandning av egot.

Frågeställaren: Vad händer om man har mindre inblandning av egot?

Amma: Du kommer att bli överväldigad av en stark längtan djupt inifrån. Fast du har förberett och banat väg för att det ska hända, så kommer det inte att vara någon medveten handling eller ansträngning när det verkligen händer. Den handlingen eller vad det än kan vara, kommer att vara helt underbar och tillfredställande. Andra kommer också att bli mycket attraherade av vad du gjort. Såna stunder är mer ett uttryck för ditt hjärta. Just då är du närmare din sanna varelse.

Såna tillfällen kommer i själva verket från det som ligger bortom – bortom sinnet och intellektet. Plötsligt kommer du i samklang med Oändligheten och får tillgång till den universella energins källa.

Perfekta Mästare befinner sig alltid i detta spontana tillstånd och de skapar likadana situationer för andra också.

Avståndet mellan Amma och oss

En frågeställare: Amma, vilket avstånd är det mellan Amma och oss?

Amma: Inget och oändligt.

Frågeställaren: Inget och oändligt?

Amma: Ja, det finns absolut inget avstånd mellan dig och Amma. Men samtidigt är avståndet också oändligt.

Frågeställaren: Det låter motsägelsefullt.

Amma: Sinnets begränsningar får det att låta motsägelsefullt. Och det kommer att fortsätta att vara så, tills du når det slutliga tillståndet av Upplysning. Ingen förklaring, hur intelligent eller logisk den än må låta, kommer att ta bort den motsägelsen.

Frågeställaren: Jag förstår mitt sinnes begränsningar. Ändå förstår jag inte varför det måste vara så paradoxalt och tvetydigt. Hur kan det vara inget och oändligt samtidigt?

Amma: För det första, min dotter, du har inte förstått ditt sinnes begränsningar. Att verkligen förstå sinnets litenhet är att verkligen förstå Guds storhet, det gudomliga. Sinnet är en stor börda. När en gång denna förståelse gryr inom dig så kommer du att inse det meningslösa med att bära på denna enorma börda, som kallas för sinnet. Du kan inte bära den längre. Den insikten hjälper dig att släppa den.

Min dotter, så länge som du är ovetande om det inre gudomliga, är avståndet oändligt. Men, i samma ögonblick som Upplysningen gryr så kommer också insikten om att det aldrig funnits något avstånd.

Frågeställaren: Det är omöjligt för intellektet att förstå hela processen.

Amma: Det är ett gott tecken, min dotter. Du håller åtminstone med om att det är omöjligt för intellektet att förstå den så kallade processen.

Frågeställaren: Betyder det att det inte finns någon sån process?

Amma: Precis. T.ex., har en människa som är född blind någon kunskap om vad ljus är? Nej, den stackarn är bara van vid mörker, en helt annan värld jämfört med den som är välsignad med att kunna se.

Doktorn säger, "Lyssna nu, din syn kan bli bra genom en operation. Dina ögon behöver rättas till."

Om personen väljer operation som doktorn föreslår, så kommer mörkret snart att försvinna och det kommer att bli ljust, eller hur? Men, var kom ljuset ifrån? Någonstans utifrån? Nej, den seende har hela tiden väntat inne i den personen. På samma sätt, när du rättar till din inre syn genom andliga övningar kommer den rena kunskapens ljus, som hela tiden väntat i det inre, att börja lysa.

Ammas sätt

A mmas sätt är unika. Lärdomarna kommer oväntat och de har alltid en speciell krydda.

Under en förmiddagsdarshan tog en kvinna, som var registrerad för den pågående retreaten, med sig en annan kvinna som inte deltog i retreaten. Jag lade märke till nykomlingen och informerade Amma. Men Amma ignorerade mig helt och hållet och fortsatte att ge darshan.

Jag tänkte, "Ok, Amma är upptagen. Bäst att jag själv håller ett öga på inkräktaren." Så fast att min huvudsakliga *seva* var att översätta de hängivnas frågor till Amma, så valde jag att för en stund framöver ta på mig en seva till (en andra-seva), att noga övervaka varje rörelse hos den oregistrerade kvinnan. Hon var som fastklistrad vid kvinnan som tagit med henne. Jag hade ögonen på dem vart de än gick. Samtidigt gav jag Amma löpande rapporter om vad de hade för sig. Även om Amma inte lyssnade på mig, så såg jag det i alla fall som min plikt.

Så fort de båda ställde sig i kön för speciella behov, gjorde jag Amma uppmärksam på det. Men Amma fortsatte att ge darshan till de hängivna.

Under tiden kom några andra hängivna och gjorde mig sällskap. En av dem pekade på "inkräktaren" och sa, "Titta på den där kvinnan. Hon är konstig. Jag hörde hur hon pratade. Hon är väldigt negativ. Jag tror inte det är så klokt att ha kvar henne här inne i hallen."

Den andra hängivna frågade allvarligt, "fråga Amma vad vi ska göra med henne – ta ut henne?"

Efter stor ansträngning lyckades jag fånga Ammas uppmärksamhet. Till slut tittade hon upp och frågade, "Var är hon?"

Vi alla tre blev överlyckliga. Vi tänkte – åtminstone gjorde jag det – att Amma snart skulle säga de tre trevliga orden som vi så otåligt väntade på att få höra: "Ta ut henne!"

När vi hörde Amma fråga "Var är hon?" pekade vi alla tre på stället där den oregistrerade kvinnan satt. Amma såg på henne. Nu väntade vi ängsligt efter den slutliga domen. Amma vände sig mot oss och sa, " Kalla hit henne!" Vi höll på att trilla över varandra i vår iver att kalla in kvinnan.

Så fort kvinnan kommit i närheten av darshanstolen, sträckte Amma ut armarna och med ett vänligt leende sa hon, "Kom, min dotter!" Främlingen föll spontant i Ammas armar. Medan vi såg på fick kvinnan en den mest underbara darshan.

Amma lade ömt kvinnan mot sin axel och strök henne mjukt över ryggen. Sen höll hon kvinnans ansikte mellan sina kupade händer och såg henne djupt i ögonen. Tårar rann utför kvinnans kinder och Amma torkade kärleksfullt bort dem med sina händer.

Jag och mina två "kollegor" kunde inte hålla bort våra tårar. Vi stod bakom darshanstolen helt tillintetgjorda.

Så fort kvinnan hade gått därifrån såg Amma på mig med ett leende och sa "Du slösade bort så mycket energi nu på förmiddagen."

Överväldigad såg jag på Ammas lilla gestalt när hon fortsatte att överösa sina barn med lycksalighet och välsignelser. Fast jag hade tunghäfta kom jag just då ihåg en underbar sak som Amma sagt: "Amma är som en flod. Hon bara strömmar. En del människor badar i floden. Andra släcker sin törst genom att dricka dess vatten. Det finns människor som kommer för att simma och njuta i vattnet. Men det finns också folk som spottar i den. Vad som än händer så accepterar floden allt och flyter oberörd vidare. Den omfamnar allt som kommer i dess väg."

Nu fick jag alltså ännu en underbar stund i Ammas närvaro. Den högsta Mästaren.

Ingen ny sanning

En frågeställare: Tror Amma att mänskligheten behöver en ny sanning för att vakna upp?

Amma: Mänskligheten behöver ingen ny sanning. Vad som behövs är att se den redan existerande Sanningen. Det finns bara en Sanning. Den Sanningen lyser alltid inom oss alla. Den, den enda Sanningen kan varken vara ny eller gammal. Den är alltid den samma, oföränderlig, evigt ny. Att fråga efter en ny sanning är som en småskoleelev som frågar läraren, "Fröken, du har sagt att 2+2 är 4 så länge nu. Det är för gammalt. Varför kan du inte säga något nytt, som att det är 5 i stället för 4 hela tiden?" Sanningen kan inte ändras. Den har alltid funnits och alltid varit densamma.

Det nya milleniet kommer att få se mycket av andligt uppvaknande, både i öst och i väst. Det är just det, som är det verkliga behovet för den här tiden. Den enorma mängden vetenskaplig kunskap som mänskligheten uppnått måste leda oss till Gud.

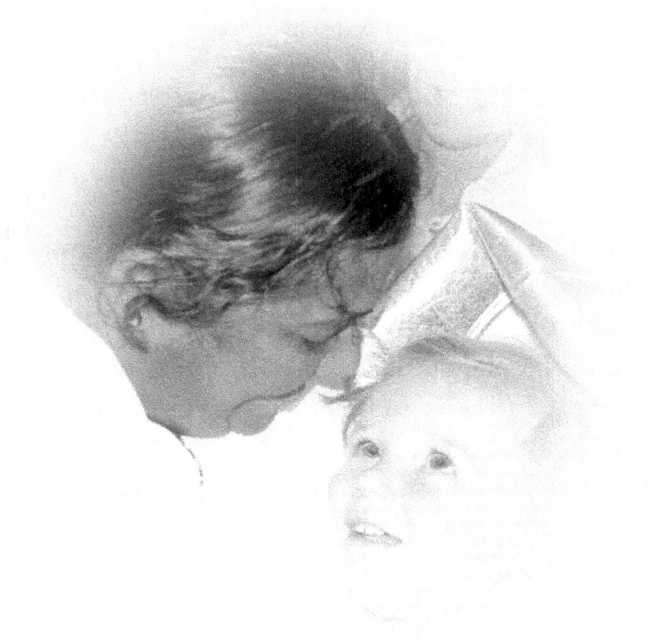

Sanningen

En frågeställare: Amma, vad är Sanningen?

Amma: Sanningen är det som är evigt och oföränderligt.

Frågeställaren: Är ärlighet Sanning?

Amma: Ärlighet är bara en kvalité, inte Sanningen, den yttersta Sanningen.

Frågeställaren: Är inte den kvalitén en del av Sanningen, den yttersta verkligheten?

Amma: Ja, precis som allt är del av Sanningen, den yttersta verkligheten, så är ärlighet också del av den.

Frågeställaren: Om allt är del av den yttersta verkligheten, då är väl inte bara goda kvalitéer, utan även dåliga kvalitéer delar av den, eller hur?

Amma: Ja, min dotter, men du befinner dig fortfarande på jorden och har inte nått de där höjderna.

Antag att du ska flyga för första gången, och att innan du gått ombord på planet, du inte har en aning om hur det är att flyga. När planet börjar röra sig tittar du ut genom fönstret och ser människor, som pratar och ropar. Du ser hur byggnader, träd och fordon verkar röra sig. Sen lyfter planet och det flyger sakta högre och högre. Och då, när du tittar ner på jorden, ser du hur allt blir mindre och mindre och så småningom försvinner och blir till en enhet. Till slut försvinner alltihop och du omges av en oerhörd rymd.

Likaså, mitt barn, är du fortfarande på jorden och har ännu inte gått ombord på planet. Du måste acceptera, ta till dig och tillämpa de goda kvalitéerna och förkasta de dåliga kvalitéerna. När du en gång når Upplysningens höjder då kommer du att uppleva allt som en Enhet.

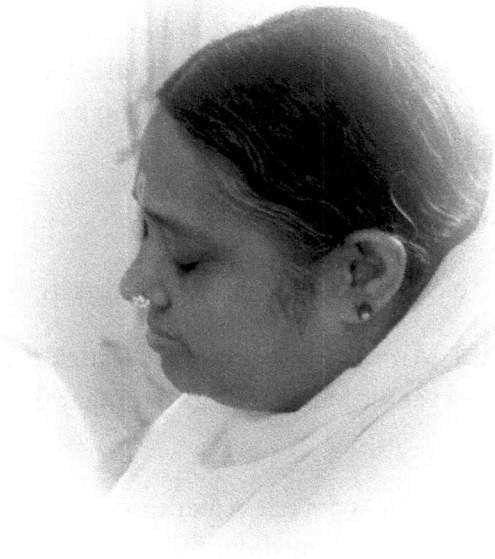

Ge ett kort råd

En frågeställare: Kan Amma ge mig ett kort råd i en enda mening så jag kan få sinnesro?

Amma: Permanent eller för stunden?

Frågeställaren: Permanent naturligtvis.

Amma: I så fall, hitta ditt Själv (Atman).

Frågeställaren: Det där är för svårt att förstå.

Amma: Okej, älska alla då.

Frågeställaren: Är de två olika svar?

Amma: Nej, det är bara orden som är olika. Att hitta Självet och att älska alla lika, är i grunden samma sak. De är ömsesidigt beroende av varandra. (Amma skrattar) Min son, det har redan blivit mer än en mening.

Frågeställaren: Förlåt Amma, jag är dum.

Amma: Det är ok, glöm det. Men vill du fortsätta?

Frågeställaren: Ja Amma. Utvecklas frid, kärlek och sann lycka tillsammans med vår sadhana (andliga övningar) Eller är de bara slutresultatet?

Amma: Bådadera. Men, bara när vi återupptäcker det inre Självet, blir cirkeln fullkomlig och med det följer perfekt frid.

Frågeställaren: Vad menar Du med "cirkeln"?

Amma: Cirkeln av vår inre och yttre existens, det perfekta tillståndet.

Frågeställaren: Men skrifterna säger att den cirkeln redan är fullkomlig. Om det redan är en cirkel, vad betyder det då att göra den hel?

Amma: Naturligtvis är det en perfekt cirkel. Men de flesta har inte den insikten. För dem finns det ett glapp som behöver fyllas. Och det är i försöken att fylla det här glappet som alla människor rusar runt med sina behov, krav och önskningar.

Frågeställaren: Amma, jag har hört att i det högsta Förverkligandets tillstånd finns det ingen inre eller yttre existens.

Amma: Ja, men det är en upplevelse bara för de som är förankrade i det tillståndet.

Frågeställaren: Hjälper det att förstå det tillståndet intellektuellt?

Amma: Hjälper vadå?

Frågeställaren: Hjälper mig att få en glimt av det tillståndet.

Amma: Nej, en intellektuell förståelse tillfredsställer bara intellektet. Och till och med den tillfredsställelsen är bara tillfällig. Du kanske tror att du har förstått. Men du kommer snart att börja tvivla och få frågor igen. Din förståelse grundar sig bara på begränsade ord och förklaringar, de kan inte ge dig upplevelsen av det obegränsade.

Frågeställaren: Så vad är det bästa sättet?

Amma: Arbeta hårt till dess att överlämnandet sker.

Frågeställaren: Vad menar Du med att "arbeta hårt"?

Amma: Amma menar, var tålmodig och gör *tapas*[9] (andlig disciplin). Bara genom att göra tapas är det möjligt att förbli i nuet.

Frågeställaren: Betyder tapas att oavbrutet sitta stilla i många timmar och meditera?

Amma: Det är bara en del av det. Verklig tapas är att utföra varje handling och tanke på ett sätt som hjälper oss att bli ett med Gud, eller Självet.

---

[9] *Tapas:* "Hetta." Asketiska metoder, andlig disciplin, självuppoffring, som förbränner sinnets orenheter.

Frågeställaren: Vad exakt är det?

Amma: Det är att ge sitt liv till att ha Gudsmedvetenhet som mål.

Frågeställaren: Jag blir lite förvirrad.

Amma: (Med ett leende) Inte lite – du är mycket förvirrad.

Frågeställaren: Amma har rätt. Men varför?

Amma: Därför att du tänker för mycket på andlighet och på tillståndet bortom sinnet. Sluta tänka och använd energin till att göra det du kan. Det kommer att ge dig upplevelsen – eller åtminstone en glimt – av den verkligheten.

Behovet av ett schema

En frågeställare: Amma, Du säger att man måste ha disciplin varje dag, som ett schema och hålla sig till det så mycket som möjligt. Men Amma, jag är ju mamma till en liten bebis. Vad gör jag om mitt barn gråter när jag ska meditera?

Amma: Det är mycket enkelt. Tag hand om din bebis först och fortsätt sen att meditera. Om du skulle meditera utan att ta hand om ditt barn, så skulle du bara meditera på barnet och inte på Självet, eller Gud.

Att följa ett schema kommer definitivt att vara till hjälp i början. Det är också så att en sann sadhak (andlig sökare) måste hela tiden öva kontroll, dag och natt.

Vissa människor har för vana att dricka kaffe så fort de stiger upp. Om de inte får sitt kaffe i tid, kommer de att känna sig väldigt obekväma. Det kan till och med förstöra hela dagen och orsaka magont, förstoppning och huvudvärk. På samma sätt borde meditation, bön och att upprepa sitt mantra också bli en del av det dagliga livet för en andlig sökare. Om du någonsin missar det, ska det kännas på djupet, så att det uppstår en längtan efter att aldrig missa det.

Egen ansträngning

En frågeställare: Amma, en del människor säger att eftersom vår sanna natur är Atman (Självet), så är det inte nödvändigt att göra några andliga övningar. De säger "Jag är Det, det absoluta Medvetandet, så vad är vitsen med att göra sadhana (andliga övningar), om jag redan är Det? Tycker Amma att de människorna är sanna?

Amma: Amma vill inte säga om de är sanna eller ej. Men Amma känner att såna människor antingen låtsas att vara det eller så är de helt vilseledda eller bara lata. Amma undrar om de här människorna skulle säga, "Jag behöver varken äta eller dricka för jag är inte kroppen".

Antag att man leder in de här människorna i en matsal, med ett vackert dukat bord med många uppläggningsfat, men där det skulle ha funnits en lyxig måltid, finns bara papperslappar med skrivna rätter på. På ett papper har det skrivits "ris", på andra papper står det "kokta grönsaker", "söt efterrätt" osv. Kommer de här människorna då att kunna föreställa sig att de har ätit så mycket de velat och att de är mätta och belåtna?

Trädet ligger latent i fröet. Men vad skulle hända om fröet egoistiskt tycker, "Jag vill inte böja mig ner till den här jorden. Jag är ett träd! Jag behöver inte ligga nere i den smutsiga jorden." Om fröet har den attityden, kommer det helt enkelt inte att gro, ingen liten planta kommer att växa upp och det kommer aldrig att bli ett träd, som ger skugga och bär frukt åt andra. Bara för att fröet tror att det är ett träd kommer inget att hända. Det kommer att förbli ett frö. Så, var ett frö, men var villig att falla till marken och komma ner under jorden. Då kommer jorden att ta hand om fröet.

Nåd

En frågeställare: Är det nåd som är det slutgiltiga avgörandet?

Amma: Det är nåden som ger rätt resultat vid rätt tid, i rätt proportion till dina handlingar.

Frågeställaren: Även om man är helt hängiven till sitt arbete? Beror resultatet på hur mycket nåd man har?

Amma: Hängivenhet är den viktigaste aspekten. Ju mer dedicerad du är, desto öppnare blir du. Ju öppnare du är, desto mer kärlek upplever du. Ju mer kärlek du har, desto mer nåd upplever du. Nåd är öppenhet. Det är den andliga styrkan och den intuitiva visionen som du kan uppleva när du utför en handling. Genom att förhålla sig öppen till en viss situation, kan man släppa sitt ego och sina inskränkta åsikter. Detta omvandlar en till en bättre kanal genom vilken shakti (gudomlig energi) kan flöda. Detta flöde av shakti och dess uttryck genom våra handlingar, är nåd.

Någon kanske är en fantastisk sångare. Men när de uppträder på scenen, måste de tillåta musikens shakti att flöda genom dem. Det för med sig nåd och hjälper till att få hela publiken i hänryckning.

Frågeställaren: Var finns nådens källa?

Amma: Nådens sanna källa finns inom oss. Men så länge du inte inser det, kommer det att verka som den finns någonstans långt bortom.

Frågeställaren: Bortom?

Amma: Bortom betyder ursprunget, som är okänt för dig i ditt nuvarande mentala tillstånd. När en sångare sjunger från hjärtat, har han eller hon kontakt med det gudomliga, med det som är bortom. Varifrån kommer den själfulla musiken? Du kanske säger från halsen eller från hjärtat. Men om du ser efter inuti, kommer du att kunna se något? Nej, för den själfulla musiken kommer från någonstans bortom. Den källan är i sanning gudomlighet. När en gång den slutliga Upplysningen sker, kommer du att finna den källan inom dig.

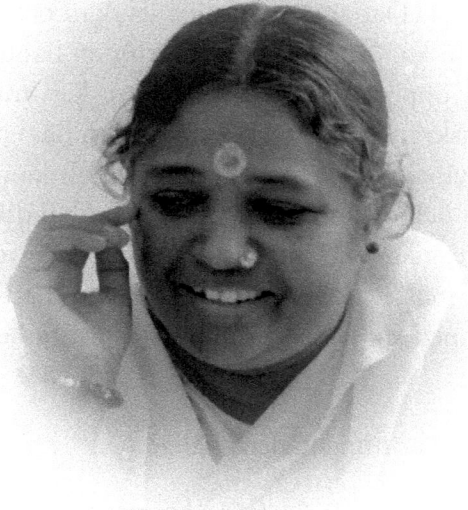

Sannyas: bortom kategorisering

En frågeställare: Vad innebär det att vara en riktig *sanny-asi*?[10]

Amma: En sann sannyasi är en person som har gått bortom alla begränsningar som sinnet skapat. För närvarande är vi hypnotiserade av sinnet. I sannyastillståndet kommer vi att vara helt fria från den här hypnosens grepp. Vi kommer att vakna upp som från en dröm – som en drucken som blir fri från sin förgiftning.

---

[10] En *sannyasi* är en munk eller nunna. En asket som genom den traditionella sannyasordens initiering har upplöst alla världsliga band och antagit ett liv av försakelse. Traditionellt klär sig en sannyasi i en ockrafärgad klädnad, vilket betecknar förbrännandet av alla världsliga band.

Frågeställaren: Uppnår sannyasin också Gudomlighet?

Amma: Amma skulle hellre säga så här: sannyas är ett tillstånd när man kan se och älska hela skapelsen som Gud.

Frågeställaren: Är ödmjukhet ett tecken på en sann sannyasi?

Amma: En sann sannyasi kan inte kategoriseras. Han eller hon är bortom. Om du säger att den eller den personen är mycket enkel och ödmjuk, då finns det fortfarande "någon" som känner sig enkel och ödmjuk. I sannyasins tillstånd, försvinner denna "någon", som är egot. Normalt är ödmjukhet motsatsen till högmod. Kärlek är motsatsen till hat. Men en riktig sannyasi är varken ödmjuk eller högmodig - han eller hon är varken kärlek eller hat. En person som har uppnått sannyas är bortom allt. Han eller hon har inget att förlora längre. När vi kallar en äkta sannyasi "ödmjuk" så betyder det inte bara avsaknad av högmod, det betyder också avsaknaden av ego.

Någon frågade en Mahatma, "Vem är du?"

"Jag är inte", svarade han.

"Är du Gud?"

"Nej, det är jag inte."

"Är du ett helgon eller en vis?"

"Nej, det är jag inte."

"Är du en ateist?"

"Nej, det är jag inte."

"Men vem är du då?"

"Jag är det jag är. Jag är rent medvetande."

Sannyas är tillståndet av rent medvetande.

En gudomlig lek i luften

Scen 1. Air Indias plan till Dubai har just lyft. Besättningen ska börja servera något att dricka. Plötsligt reser sig alla passagerarna, den ena efter den andra, från sina platser och rör sig i en procession mot avdelningen för Business Class. Den häpna besättningen förstår inte vad som händer och ber alla att gå tillbaka till sina platser. När det visar sig inte hjälpa, bönfaller de till slut alla att samarbeta tills de har serverat maten klart.

"Vi vill ha Ammas darshan!" ropar passagerarna.

"Vi förstår", svarar besättningen. "Snälla ni, ha bara tålamod tills vi är färdiga med serveringen!"

Till slut ger passagerarna med sig och går tillbaka till sina platser.

66

Scen 2. Serveringen är nu avslutad. Flygvärdinnorna och stewardarna blir tillfälliga darshanvakter och sköter kön, som långsamt rör sig mot Ammas plats. På grund av kort varsel kunde man inte ordna med darshanbiljetter. Oavsett det så gör besättningen ett bra jobb.

Scen 3. Efter att ha fått tagit emot Ammas darshan, ser nu alla passagerarna mycket lyckliga och avslappnade ut. De går tillbaka och slår sig ner på sina platser. Nu börjar hela besättningen, inklusive piloten och andrepiloten att ställa sig i kö. Självklart hade de väntat på sin tur. Var och en får en moderlig kram och några ord av kärlek och nåd viskade av Amma, ett oförglömligt strålande leende och en karamell-*prasad* (välsignad gåva).

Sympati och medkänsla

En frågeställare: Amma vad är sann medkänsla?

Amma: Sann medkänsla är förmågan att se och veta vad som finns bortom. Bara de som har förmågan att se bortom kan ge verklig hjälp och lyfta upp andra.

Frågeställaren: Bortom vadå?

Amma: Bortom kropp och sinne, bortom det yttre skenet.

Frågeställaren: Så Amma, vad är skillnaden mellan sympati och medkänsla?

Amma: Medkänsla är till verklig hjälp och något som du kan få av en sann Mästare. Mästaren ser bortom. Sympati däremot är tillfällig hjälp som du får från människor runt omkring dig. Sympati kan inte se under ytan eller gå bortom. Medkänsla är rätt förståelse med en djupare kunskap om personen, situationen och vad han eller hon verkligen behöver. Sympati är mer ytlig.

Frågeställaren: Hur skiljer man på de båda.

Amma: Det är svårt. Men Amma kan ge ett exempel. Det är inte ovanligt att kirurger säger till sina patienter att gå upp och gå på andra eller tredje dagen, även efter större operationer. Om en patient är ovillig att göra det så kommer en bra läkare, som känner till följderna, alltid att tvinga patienten ur sängen för att gå upp och gå. När de anhöriga ser hur patienten lider och kämpar kanske de säger, "Vilken grym läkare! Varför tvingar han honom när han inte vill? Nu får det vara nog!"

I det här exemplet kan de anhörigas attityd sägas ha sympati och läkarens attityd vara medkänsla. I det här fallet kan man undra, vem som verkligen hjälper patienten – läkaren eller de anhöriga? Om patienten tänker, "Den här läkaren är värdelös! Vad har han för rätt att säga till mig? Vad vet han om mig? Så låt honom prata på, jag kommer inte att lyssna!" En sån attityd kommer aldrig att hjälpa patienten.

Frågeställaren: Kan sympati skada en person?

Amma: Om vi inte är försiktiga och vi visar sympati utan att förstå de subtila aspekterna av en speciell situation eller personens mentala tillstånd, kan det skada. Det är farligt när människor fäster för stor vikt vid sympatiska ord. Det kan till och med bli en besatthet, som gradvis förstör ens urskiljningsförmåga genom att man bygger upp en liten kokongliknande värld omkring sig. De kan känna sig tröstade men de kanske aldrig anstränger sig för att komma ur sin situation. Utan att veta om det, kanske de rör sig mer och mer in i mörkret.

Frågeställaren: "Vad menar Amma med en kokongliknande värld?"

Amma: Amma menar att man tappar sin förmåga att se djupare in i sig själv, för att se vad som verkligen pågår. Man kommer att ge för stor betydelse till vad andra personer säger och lita blint på dem utan att använda sin urskiljningsförmåga på rätt sätt. Sympati är ytlig "kärlek" utan kunskap om den grundläggande orsaken till problemet. Medan medkänsla är kärlek som ser den verkliga orsaken till problemet och tar hand om det på rätt sätt.

Sann kärlek är ett tillstånd helt utan rädsla

En frågeställare: Amma, vad är sann kärlek?

Amma: Den sanna kärleken är ett tillstånd helt utan rädsla. Rädsla är en del av sinnet. Därför kan inte rädsla och äkta kärlek finnas samtidigt. När kärleken fördjupas, så minskar sakta rädslans intensitet.

Rädsla kan bara existera när du är identifierad med kroppen och sinnet. Att överskrida sinnets svagheter och leva i kärlek är gudomlighet. Ju mer kärlek du har, desto mer gudomlighet uttrycks inom dig. Ju mindre kärlek du har, desto mer rädsla har du och desto mer fjärmar du dig från livets centrum. Oräddhet är verkligen en av de finaste kvalitéerna hos en sant kärleksfull person.

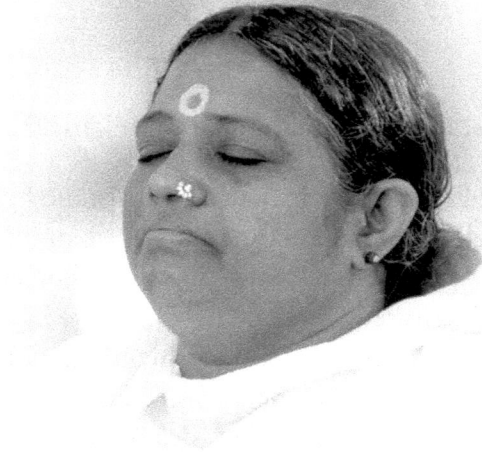

Att göra och inte göra

En frågeställare: Amma, att utveckla inre renhet och andra dygder anses vara viktigt i det andliga livet. Men det finns New Age gurus som nekar till att det är nödvändigt. Vad är Ammas åsikt om det?

Amma: Det är alldeles riktigt att moraliska värden spelar en betydelsefull roll i det andliga livet. Alla vägar i livet vare sig de är andliga eller materiella har vissa regler att följa. Om man inte följer de föreskrivna villkoren, blir det svårt att uppnå ett önskat resultat. Desto subtilare den slutliga frukten, desto intensivare blir vägen dit. Andlig Upplysning är den subtilaste av alla upplevelser, därför krävs också rigorösa regler och föreskrifter.

En patient kan inte äta och dricka vad han eller hon vill. Beroende på sjukdomen kommer det att finnas restriktioner för kosten och för vad man får göra. Om man inte följer dem, kan det påverka läkningen. Tillståndet kan till och med förvärras om man inte följer föreskrifterna. Är det klokt av en patient att fråga, "Måste jag verkligen följa de här reglerna och föreskrifterna?" Det finns musiker som övar 18 timmar om dagen för att uppnå perfektion på sina instrument. Vad än du är intresserad av – om det är andlighet, vetenskap, politik, idrott eller konst – så beror din framgång och att kunna nå långt inom det området, endast på vilket sätt du tar dig an det, hur mycket tid du seriöst ägnar åt att nå målet och på hur mycket du följer de grundläggande nödvändiga principerna.

Frågeställaren: Så är renhet den viktigaste kvalitén som behövs för att nå målet?

Amma: Det kan vara renhet. Det kan vara kärlek, medkänsla, förlåtelse, tålamod eller uthållighet. Välj bara ut en kvalité och följ den med största tilltro och optimism, då kommer automatiskt andra kvalitéer att följa. Syftet är att gå bortom sinnets begränsningar.

73

Amma har givit sig själv till världen

En frågeställare: Amma, vad förväntar Du dig av dina lärjungar?

Amma: Amma förväntar sig inget från någon. Amma har givit sig själv till världen. När du en gång givit dig själv, hur kan man då förvänta sig något från någon? Alla förväntningar uppstår ur egot.

Frågeställaren: Men Amma, Du talar mycket om att överlämna sig själv till Gurun. Är inte det en förväntning?

Amma: Sant. Amma pratar inte om det för att hon förväntar sig att hennes barn ska överlämna sig, utan därför att det är kruxet i det andliga livet. Gurun ger allt som hon eller han har till sina lärjungar. Eftersom en Satguru (perfekt Mästare) är en helt överlämnad själ, så är det just det som hans eller hennes närvaro erbjuder och undervisar sina lärjungar. Det händer spontant. Beroende på mognaden och förståelsen hos lärjungen så accepterar eller förkastar han eller hon det. Vad än lärjungens attityd är så fortsätter Satgurun att ge. Han eller hon kan inte annat.

Frågeställaren: Vad händer när en lärjunge överlämnar sig till en Satguru?

Amma: Som ett ljus som tänds från ett större ljus så kommer lärjungen också att bli ett ljus som vägleder världen. Också lärjungen blir en Mästare.

Frågeställaren: Vilket är till mest hjälp i den processen: Mästarens form eller hans eller hennes formlösa aspekt?

Amma: Båda. Det formlösa medvetandet inspirerar lärjungen genom Satguruns form, som är ren kärlek, medkänsla och överlämnande.

Frågeställaren: Överlämnar sig lärjungen till Mästarens form eller till det formlösa medvetandet?

Amma: Det börjar med att överlämna sig till den fysiska formen. Men det slutar med att överlämna sig till det formlösa medvetandet, som är när lärjungen förstår sitt eget sanna Själv. Men även i de första stadierna med sadhana (andliga övningar) när lärjungen överlämnar sig till Mästarens form, så överlämnar sig lärjungen i själva verket till det formlösa medvetandet, det är bara det att han eller hon inte är medveten om det.

Frågeställaren: Varför det?

Amma: Därför att lärjungar känner bara till kroppen; medvetandet är helt okänt för dem. En äkta lärjunge kommer att fortsätta att dyrka Guruns form, som ett uttryck för tacksamhet för att Gurun överöser lärjungen med sin nåd och visar vägen.

Satguruns form

En frågeställare: Kan Amma på ett enkelt sätt beskriva Satguruns form, dess natur?

Amma: En Satguru är både med och utan form, som choklad. Samma ögonblick som du stoppar den i munnen smälter den och blir formlös. Den blir en del av dig. På samma sätt, när du verkligen insuper Mästarens undervisning och gör den till en del av ditt liv, kommer du inse att Mästaren är det formlösa Högsta Medvetandet.

Frågeställaren: Så, vi ska äta upp Amma?

Amma: Ja, ät upp Amma om du kan! Hon är högst villig att bli till näring för din själ.

Frågeställaren: Tack Amma för chokladexemplet. Det gjorde det väldigt lätt att förstå, för jag älskar choklad.

Amma: (Skrattar) Men bli inte för förälskad i det för det är inte bra för din hälsa.

Perfekta lärjungar

En frågeställare: Vad vinner man med att bli en perfekt lärjunge?

Amma: Att bli en perfekt Mästare.

Frågeställaren: Amma, hur skulle Du beskriva dig själv?

Amma: Definitivt inte som någonting.

Frågeställaren: Och?

Amma: Som intighet.

Frågeställaren: Betyder det som allting?

Amma: Det betyder att Amma är alltid närvarande och tillgänglig för alla.

Frågeställaren: Betyder "alla", alla de som kommer till dig?

Amma: "Alla" betyder vem som än är öppen.

Frågeställaren: Betyder det att Du inte är tillgänglig för de som inte är öppna?

Amma: Ammas fysiska närvaro är tillgänglig för alla, oavsett om de accepterar henne eller inte. Men själva upplevelen är bara tillgänglig för de som är öppna. Blomman finns där men skönheten och doften kommer att upplevas bara av dem som är öppna. En person med täppta näsborrar kan inte uppleva det. På samma sätt kan stängda hjärtan inte uppleva det som Amma har att ge.

Vedanta och skapelsen

En frågeställare: Amma, det finns en del motstridiga teorier om skapelsen. De som följer hängivenhetens väg säger att Gud skapade världen, medan de som följer vedanta[11] (icke-dualismens filosofi) anser att allting är sinnets skapelse och existerar därför bara så länge sinnet existerar. Vilken av de två uppfattningarna är sann?

---

[11] Vedanta: (anta = slut) "Vedas mål och fulländning." Filosofin i Upanishaderna. Förklarar den slutgiltiga sanningen vara: "En och odelbar."

Amma: Båda synsätten är korrekta. Medan en hängiven ser Gud som världens Skapare, ser vedantisten Brahman[12] som den underliggande principen som tjänar som underlag för den föränderliga världen. För vedantisten är världen en projicering av sinnet, medan för den hängivna är världen en *lila* (en gudomlig lek) av sin älskade Gud. De må se ut som två helt olika perspektiv, men när man går djupare in i dem, kommer man att upptäcka att de i grunden är samma sak.

Namn och form är förknippade med sinnet. När sinnet upphör att existera, försvinner också namn och form. Världen eller skapelsen består av namn och form. En Gud eller en Skapare, är betydelsefull endast när skapelsen finns. Till och med Gud har ett namn och en form. För att världen med namn och former ska kunna komma till stånd, behövs det en motsvarande orsak – och den orsaken kallar vi Gud.

Riktig vedanta är den högsta kunskapen. Amma talar inte om vedanta i form av heliga skrifter eller den vedanta som de så kallade vedantisterna pratar om. Amma talar om vedanta som den högsta erfarenheten, som ett sätt att leva, som jämnmod i sinnet under alla situationer i livet.

Det är dock inte så lätt. Den här erfarenheten kommer inte att gry om inte en förändring sker. Det är den omvälvande förändringen på det intellektuella och emotionella planet som gör sinnet subtilt, expansivt och kraftfullt. Ju mer subtilt och expansivt sinnet blir, desto mer "icke-sinne" blir det. Gradvis försvinner sinnet. När det inte finns något sinne, var är då Gud och var är då världen eller skapelsen? Ändå betyder det inte att världen kommer försvinna ur din åsyn, men en förändring kommer ske och du kommer att se den Enda Enheten i mångfalden.

---

[12] Den Absoluta Verkligheten; det Högsta Varandet och Medvetandet, som omfattar och genomtränger allt; som är en och odelbar.

Frågeställaren: Betyder det att Gud också är en illusion i det tillståndet?

Amma: Ja, från det slutliga perspektivet, är Gud som form, en illusion. Men det beror på hur djup din inre upplevelse är. Ändå är attityden felaktig hos de så kallade vedantisterna som egoistiskt tror att även Gudarnas och Gudinnornas former är meningslösa. Kom ihåg att egot aldrig kommer att hjälpa till på den här vägen. Endast ödmjukhet kommer att hjälpa.

Frågeställaren: Den delen förstår jag. Men Amma, Du nämnde också att från det slutliga perspektivet är Gud som en form också en illusion. Så Du säger att de olika formerna av Gudarna och Gudinnorna bara är sinnets projiceringar?

Amma: Slutligen är de det. Vad som än kommer förgås är inte verkligt. Alla former, även de av Gudarna och Gudinnorna har början och slut. Det som är fött och som dör är mentalt, det hör samman med tankeprocessen. Och vad som än är förknippat med sinnet kommer att förändras, därför att det existerar i tiden. Den enda oföränderliga sanningen är det som alltid består, själva underlaget för sinnet och intellektet. Det är Atman (Självet), existensens slutliga tillstånd.

Frågeställaren: Om till och med Gudarnas och Gudinnornas former är overkliga, vad är då vitsen att bygga tempel och dyrka dem?

Amma: Nej, du förstår inte vad Amma menar. Du kan inte göra dig av med Gudarna och Gudinnorna utan vidare. För människor som fortfarande identifierar sig med sinnet och ännu inte har nått det högsta tillståndet är de formerna definitivt verkliga och behövs verkligen för deras andliga utveckling. De hjälper dem kolossalt mycket.

Ett lands regering består av många sektioner och avdelningar. Från presidenten eller premiärministern till massor av ministrar och under dem finns det så många andra tjänstemän och diverse andra departementen till vaktmästare och städare. Antag att du vill få något gjort. Då ska du gå direkt till presidenten eller premiärministern, förutsatt att du känner dem eller har kontakt med dem. Det skulle göra allt så mycket enklare och lättare för dig. Det du behöver, vad det än kan vara, kommer att tas omhand direkt. Men majoriteten av folket har ingen direktkontakt eller inflytande. För att få något gjort eller för att få tillträde till de högre myndigheterna, måste de hålla sig till det normala förloppet och kontakta en tjänsteman eller lägre avdelning, eller ibland en assistent. På samma sätt, så länge vi befinner oss på existensens fysiska plan och identifierar oss med sinnet och dess tankemönster så måste vi acceptera och erkänna de olika gudomliga formerna, till dess att vi etablerar en direktkontakt med den inre källan av ren energi.

Frågeställaren: Men vedantister håller vanligen inte med om det perspektivet.

Amma: Vilka vedantister pratar du om? En bokmal som repeterar skrifterna som en tränad papergoja eller en bandspelare kanske inte gör det, men en sann vedantist kommer absolut göra det. En vedantist som inte accepterar världen och gudshängivenhetens väg är ingen sann vedantist. Att acceptera världen och erkänna mångfalden men, att på samma gång se den enda Sanningen i mångfalden är verklig vedanta.

En vedantist som anser att kärlekens väg är underlägsen är ingen vedantist eller sann sökare. En sann vedantist kan inte göra sina andliga övningar utan kärlek.

Formen kommer att ta dig till det formlösa, förutsatt att du gör dina andliga övningar med rätt attityd. *Saguna* (form) är *nirguna* (formlöshet) manifesterad. Om man inte förstår denna enkla princip, vad är då vitsen med att kalla sig för vedantist?

Frågeställaren: Amma, Du sa att en hängiven ser världen som Guds lila (lek). Vad betyder lila?

Amma: Det är definitionen för den högsta obundenheten, i ett ord. Det slutliga tillståndet av *sakshi* (bevittnande) utan att använda någon form av makt är känt som lila. När vi håller oss helt borta från sinnet och dess olika projiceringar, hur kan vi då känna någon bundenhet eller makt? Att iaktta allt som händer på insidan och utsidan utan att bli involverad är verkligen roligt, en underbar lek.

Frågeställaren: Amma, vi har hört att anledningen till att Amma slutade att manifestera Krishna *bhava*[13] är därför att Du var i det tillståndet av lila då.

Amma: Det var ett av skälen. Krishna var helt obunden. Han deltog aktivt i allting, men förblev fullkomligt obunden. Inombords distanserade han sig från allt som hände runtomkring honom. Det är innebörden av Krishnas vänliga leende som alltid prydde hans vackra ansikte.

---

[13] *Bhava* betyder gudomlig stämning. Krishna bhava är det tillstånd då Amma uppenbarar sin enhet med Sri Krishna. Från början manifesterade Amma både Krishna bhava och Devi bhava, men slutade med Krishna bhava 1983.

Under Krishna bhava, även om Amma lyssnade till de hängivnas problem, så hade hon alltid en mer lekfull och obunden attityd till dem. I det tillståndet fanns varken kärlek eller kärlekslöshet, inte heller medlidande eller känslolöshet. Den nödvändiga moderliga ömheten och tillgivenheten som behövs för att bry sig om de hängivnas känslor och för att uttrycka sin djupa oro kom inte till uttryck. Det var ett tillstånd bortom detta. Amma tyckte inte att det hjälpte de hängivna så mycket. Därför bestämde hon sig för att älska och tjäna sina barn som en mor.

Är du lycklig?

En frågeställare: Amma, jag har hört dig fråga folk som kommer för att få darshan, "Lycklig?" Varför frågar Du dem om det?

Amma: Det är som en inbjudan till att vara lycklig. Om du är lycklig, då är du öppen och då kan Guds kärlek eller shakti (gudomlig kraft) strömma in i dig. Så Amma säger faktiskt till den personen att vara lycklig, så att Guds shakti kan komma in i honom eller henne. När du är lycklig – när du är öppen och mottaglig, så kommer mer och mer lycka att finnas tillgänglig för dig. När du är olycklig är du stängd och du förlorar allting. Den som är öppen är lycklig. Det kommer att dra in Gud i dig. Och när Gud är förankrad inombords, så kan du bara vara lycklig.

85

Ett utmärkt exempel

Dagen vi kom till Santa Fe, duggregnade det. "Det händer alltid i Santa Fe. Efter en lång torka så regnar det när Amma kommer", sa Ammas värd för Ammacentret i New Mexico.

Det hade blivit mörkt när vi kom fram till värdens hus. Det tog lite tid för Amma att kliva ur bilen. Så fort Amma stigit ur bilen, så gav värden Amma hennes sandaler. Sen gick han mot framsidan på bilen och hoppades få leda Amma till huset.

Amma tog några steg mot bilens front, sen vände hon sig plötsligt om och sa, "Nej Amma vill inte gå förbi bilens framsida. Det är bilens ansikte. Det är oartigt att göra det. Amma känner att hon inte vill göra det." Efter att ha sagt så, gick Amma runt bakom bilen och sen till huset. Det var inte enda gången som Amma betedde sig så. Alltid när Amma går ut ur en bil, gör hon så.

Det finns inget bättre exempel på hur Ammas kärlek går ut mot allting, till och med icke-levande föremål.

Relationer

U nder tiden en person fick darshan, vände han sig mot mig och sa, "Snälla, fråga Amma om jag kan sluta dejta och hamna i kärleksaffärer?"

Amma: (Med ett okynnigt leende) Vad har hänt, har din flickvän rymt med någon?

Frågeställaren: (Tittar upp och ser ganska förvånad ut.) Hur visste Du det?

Amma: Enkelt – det är ett av de tillfällena i livet när man kommer att ha såna här tankar.

Frågeställaren: Amma, jag är svartsjuk på att min flickvän fortfarande är vän med sin tidigare pojkvän.

Amma: Är det därför du vill sluta dejta och hamna i relationer?

Frågeställaren: Jag är trött på och känner mig frustrerad över liknande händelser i mitt liv. Nu får det vara nog. Nu vill jag ha frid och fokusera på mina andliga övningar.

Amma frågade inget mer. Hon fortsatte att ge darshan. Efter en stund frågade mannen mig, "Jag undrar om Amma har något råd till mig?" Amma hörde att han pratade med mig.

Amma: Min son, Amma trodde att du redan hade bestämt vad du skulle göra. Sa du inte att du var utled på sånt? Från och med nu vill du leva ett fridfullt liv och fokusera på dina andliga övningar, eller hur? Det låter som den rätta lösningen. Så sätt i gång och gör det!

Mannen var tyst ett tag men såg rastlös ut. Vid ett tillfälle sneglade Amma på honom. Genom Ammas uppsyn och leende kunde jag se den stora Mästaren använda sin legendariska "smörkärna[14]", färdig att röra om och få upp något till ytan.

Frågeställaren: Det betyder att Amma inte tänker säga något, eller hur?

Plötsligt började den stackars mannen gråta.

Amma: (Torkar hans tårar.) Se så min son, vad är ditt verkliga problem? Var öppen nu och berätta för Amma.

Frågeställaren: Amma, för ett år sedan mötte jag henne under ett av Ammas program. När vi såg in i varandras ögon visste vi att vi var menade för varandra. Det var så det började. Och nu helt plötsligt så kommer den här killen – hennes *ex*-pojkvän - mellan oss. Hon säger att de bara är vänner, med det finns tillfällen när jag starkt tvivlar på hennes ord.

---

[14] Hänvisar till en berättelse i indisk mytologi om hur Indra följde Vishnus råd och lät *devas* (himmelska varelser) och *asuras* (demoner) kärna havet av mjölk (*ksheer sagar*). Flera underbara ting kom ut ur havet – Kamadhenu, kon som uppfyller alla önskningar; Ucchaisrava, den vita hästen; Airavata, den vita elefanten; Kaustubhamani, en sällsynt diamant; Kalpavriksha, trädet som uppfyller alla önskningar; Lakshmi, rikedomarnas Gudinna; Sura eller Varuni, vinets Gudinna; och slutligen Dhanvantari, den gudomlige läkaren, som höll i sina händer krukan med *amrita*, odödlighetens nektar. Berättelsen innehåller en djup symbolisk mening om människans strävan efter odödlighet, eller Självförverkligande.

Amma: Vad är det som får dig att känna så när hon har sagt att det inte är något?

Frågeställaren: Så här är det nu: både jag och hennes ex-pojkvän är här för att vara med på Ammas program. Hon ägnar mer tid med honom än med mig. Jag känner mig väldigt upprörd. Jag vet inte vad jag ska göra. Jag är deprimerad. Det har blivit svårt för mig att hålla fokus på Amma och det är ju därför jag har kommit hit. Mina meditationer är inte lika starka och jag kan inte ens sova gott.

Amma: (Skojar) Vet du vad? Han kanske smickrar henne och säger, "Älskling, du är den vackraste kvinnan i världen. Jag kan inte ens tänka på någon annan kvinna sen jag träffade dig." Han kanske ger henne mer kärlek, låter henne prata mycket och håller tyst till och med när han känner sig provocerad. Till råga på allt köper han säkert en massa choklad till henne! Till skillnad mot honom, kan hennes intryck av dig vara att du är en översittare som alltid ska hacka och bråka med henne osv.

Mannen och de hängivna som satt runtomkring fick sig ett gott skratt. Men han var ärlig och bekände för Amma att han mer eller mindre var sån som Amma beskrivit honom.

Amma: (Klappar honom på ryggen) Känner du mycket ilska och hat mot henne?

Frågeställaren: Ja, det gör jag. Jag känner mer ilska mot honom. Jag blir så upprörd.

Amma kände på hans handflata. Den var mycket het.

Amma: Var är hon nu?

Frågeställaren: Häromkring någonstans.

Amma: Gå och prata med henne.

Frågeställaren: Nu?

Amma: Ja, nu!

Frågeställaren: Jag vet inte var hon är.

Amma: Gå och sök.

Frågeställaren: Ja, jag ska. Men jag måste hitta honom först, för det är där hon kommer att vara. Hur som helst, Amma, säg nu: Ska jag fortsätta eller göra slut på vårt förhållande? Tror Du att vårt förhållande kan repareras?

Amma: Min son, Amma vet att du fortfarande är fäst vid henne. Det viktigaste är att du övertygar dig själv att den här känslan som du kallar kärlek inte är kärlek, utan bundenhet. Bara den övertygelsen kan hjälpa dig att komma ifrån det upprörda sinnestillstånd du är i nu. Oavsett om du lyckas eller misslyckas med att reparera förhållandet, så kommer du fortsätta lida om du inte klart kan skilja på kärlek och bundenhet.

Amma ska berätta en historia. En hög tjänsteman besökte en gång ett mentalsjukhus. Läkaren visade runt honom. I ett av rummen, fanns en patient som vaggade fram och tillbaka på stolen och hela tiden upprepade, "Pumpum... Pumpum...Pumpum...". Tjänstemannen frågade efter orsaken till hans sjukdom och om det fanns något samband mellan namnet och sjukdomen.

Läkare svarade, "Det är en sorglig historia. Pumpum var flickan som han älskade. Hon övergav honom och rymde med en annan. Efter det blev han galen."

"Stackars kille", kommenterade tjänstemannen och fortsatte. Men han blev förvånad när han fick se en annan patient i rummet bredvid som också upprepade, "Pumpum... Pumpum... Pumpum... " medan han hela tiden slog sitt huvud i väggen. Den förbryllade tjänstemannen vände sig till läkaren och frågade: "Vad är det här? Hur kommer det sig att den här patienten också säger samma namn? Finns det något samband?"

"Ja visst!" svarade läkaren. "Det här är mannen som till slut gifte sig med Pumpum."

Mannen började skratta.

Amma: Lyssna min son! Kärleken är som en utslagen blomma. Du kan inte tvinga den att öppna sig. Om du öppnar en blomma med våld, kommer all skönhet och doft att bli förstörd och varken du eller någon annan kommer att få glädje av den. Å andra sidan, om du tillåter den att öppna sig själv, på ett naturligt sätt, då kan du uppleva de färgrika blombladen och den underbara doften. Så ha tålamod och granska dig själv. Var som en spegel och försök att se var och hur det har blivit fel.

Frågeställaren: Jag tror att min svartsjuka och ilska bara kan få ett slut om jag gifter mig med Gud.

Amma: Ja, där sa du det. Gift dig med Gud. Bara förening med den andliga sanningen kommer att göra det möjligt för dig att gå bortom och finna verklig frid och glädje.

Frågeställaren: Kan Du hjälpa mig i den processen?

Amma: Ammas hjälp finns alltid där. Du behöver bara se den och ta emot den.

Frågeställaren: Tack så väldigt mycket, Amma! Du har redan hjälpt mig.

Vad gör en sann Mästare?

En frågeställare: Amma, vad gör en Satguru (sann Mästare) för en lärjunge?

Amma: En Satguru hjälper lärjungen att se sina svagheter.

Frågeställaren: Hur hjälper det lärjungen?

Amma: Att verkligen se, betyder att inse och att acceptera. När en gång lärjungen har accepterat sina svagheter är det lättare att komma över dem.

Frågeställaren: Amma, när Du säger "svagheter", menar Du då egot?

Amma: Ilska är en svaghet, svartsjuka är en svaghet, hat, själviskhet och rädsla är alla svagheter. Ja, grundorsaken till alla de här svagheterna är egot. Sinnet med alla sina begränsningar och svagheter är känt som egot.

Frågeställaren: Så, i princip säger Du att en Satgurus jobb är att arbeta med lärjungens ego?

Amma: En Satgurus jobb är att hjälpa lärjungen att inse det betydelselösa i det triviala fenomen som är känt som egot. Egot är som en brinnande låga av oljan i en liten oljelampa.[15]

Frågeställaren: Varför är det viktigt att veta att egot är meningslöst?

Amma: Därför att det finns inget nytt eller anmärkningsvärt rörande egot. När solens strålglans finns, varför skulle man oroa sig över den lilla lågan som kan släckas ut när som helst?

Frågeställaren: Amma, skulle Du vilja utveckla den saken lite mer?

Amma: Du är Det Hela, Gudomligheten. Jämfört med det är egot ingenting annat än en liten låga. Så, å ena sidan, tar Satgurun bort egot och å andra sidan, skänker Satgurun dig Det Hela. Från en tiggare lyfter Satgurun upp dig till en konungs eller drottnings position, till universums Konung eller Drottning. Från en enkel mottagare, gör Satgurun dig till en givare, till en som ger allt till dem som nalkas dig.

---

[15] I Indien är det vanligt att man använder oljelampor både i tempel och på hemmaaltare. Det är en lampa eller liten skål med olja och en veke som används för att ge ljus. Oljelampor har använts i flera tusen år och är en tradition som lever än idag.

En Mahatmas handlingar

En frågeställare: Är det sant att vad en Mahatma (Stor Själ) än gör så har det en mening?

Amma: Det är bättre att säga att vad en Självförverkligad själ än gör, så har det ett gudomligt budskap, ett budskap som förmedlar livets djupare principer. Även de till synes meningslösa saker de gör, har ett sånt budskap.

Det fanns en Mahatma, vars enda arbete var att rulla upp en stor stenbumling till toppen av ett berg. Det var det enda arbete han utförde ända till sin död. Han tröttnade aldrig och klagade aldrig. Folk trodde han var galen men det var han inte. Ibland tog det flera timmar eller till och med dagar att på egen hand rulla upp en stenbumling hela vägen upp på bergets topp. Och när han en gång klarat av att få upp den, lät han den rulla ner. När Mahatman såg stenen rulla ner från toppen till foten av berget, klappade han i händerna och föll i skratt som ett litet barn.

Framgång i vilket områden som helst kräver mycket ansträngning och energi, men det tar inte ens ett ögonblick att förstöra allting som vi har uppnått genom hårt arbete. Detta är verkligen sant också när det handlar om goda dygder. Dessutom var den här Stora Själen inte alls bunden till sin uppriktiga ansträngning som han gjort för att få upp stenen upp för backen. Det var därför han kunde skratta som ett barn – den högsta frihetens skratt. Det var antagligen det han ville lära alla.

Människor tolkar och bedömer en Mahatmas handlingar. Men det är bara för att deras sinnen inte är tillräckligt subtila för att kunna tränga ner under ytan. Människor har förväntningar, men en sann Mahatma kan inte uppfylla allas önskningar.

Ammas kramar väcker upp

En frågeställare: Om någon skulle säga till Amma att de också kunde göra samma sak som Du gör – d.v.s. att krama människor - vad skulle Du svara?

Amma: Det skulle vara underbart! Världen behöver fler och fler kärleksfulla hjärtan! Amma skulle vara lycklig om någon annan människa skulle kunna tänka sig att göra till sin dharma (här: uppgift) att tjäna mänskligheten, genom att omfamna människor i sann kärlek och medkänsla – för en ensam Amma kan inte fysiskt krama hela mänskligheten. Men en riktig mor skulle aldrig göra anspråk på de självuppoffringar hon gör för sina barn.

Frågeställaren: Amma, vad händer när Du kramar människor?

Amma: När Amma omfamnar människor är det inte bara en fysisk kontakt som äger rum. Den kärleken som Amma känner för hela skapelsen strömmar emot varje person som kommer till henne. Den rena kärleksvibrationen renar människor och det hjälper dem i deras inre uppvaknande och andliga tillväxt.
Världens både män och kvinnor av i dag behöver vakna upp till de moderliga kvalitéerna. Syftet med Ammas kramar är att hjälpa människor att bli medvetna om detta universella behov.
Kärlek är det enda språk som alla levande varelser kan förstå. Det är universellt. Kärlek, frid, meditation och moksha (Befrielse) är alla universella.

97

Hur man gör världen till Gud

En frågeställare: Som familjefar har jag så mycket ansvar och så många plikter. Vad ska jag ha för inställning?

Amma: Vad du än är, familjefar eller munk, så är det viktigaste hur du ser på och reflekterar över livet och de erfarenheter det för med sig. Om din inställning är positiv och accepterande, så lever du med Gud även när du är i världen. Då blir världen till Gud och du upplever Guds närvaro varje ögonblick. Men en negativ inställning kommer att ge precis det motsatta resultatet – i så fall väljer du att leva med djävulen. Att känna sitt eget sinne och dess lägre tendenser, medan man ständigt försöker transcendera (överskrida) dem, bör vara fokus för en sadhak (andlig sökare).

En Mahatma fick en gång frågan: "Helige man, är du säker på att du kommer till himlen när du dör?"

Mahatman svarade: "Ja naturligtvis!"

"Men hur vet du det? Du är inte död och du vet inte ens vad Gud har i åtanke."

"Lyssna, det är sant att jag inte vet vad Gud har i åtanke, men jag känner mitt eget sinne. Jag är alltid lycklig var än jag befinner mig. Därför kommer jag att vara lycklig och fridfull även om jag är i helvetet", svarade Mahatman.

Den lyckan och friden är sannerligen himmelriket. Allt beror på ditt sinne.

Kraften i Ammas ord

Jag har haft den här erfarenheten inte bara en gång utan hundratals gånger. Någon kommer till mig med en fråga eller ett allvarligt problem, och jag försöker svara på frågan eller lösa problemet på ett mycket klart och logiskt sätt.

Personen uttrycker sin uppriktiga tacksamhet och uppskattning och går därifrån, till synes nöjd med min lösning. Jag ser efter honom eller henne med en liten känsla av stolthet. Jag ser dock snart hur samma person går fram till en annan swami och frågar samma fråga – ett klart tecken på att han eller hon inte blev nöjd med mitt råd. Hur som helst, personen fortsätter att lida.

Slutligen går personen till Amma. Amma ger ett liknande svar på frågan – jag menar att orden och ibland till och med exemplen hon ger är de samma som jag givit. Men en plötslig förändring sker i personen. Skuggan av tvivel, rädsla och sorg har helt försvunnit och personens ansikte lyser upp. Det är verkligen stor skillnad.

Jag tänker alltid: "Vad är skillnaden? Amma säger ju ingenting nytt. Men effekten är enorm."

Ta, t.ex., följande händelse. Medan Amma serverade lunch under en retreat, kom en indisk kvinna, en läkare som bott i USA de senaste 25 åren, fram till mig och sa, "Det här är mitt första möte med Amma. Jag skulle gärna vilja få prata med dig eller någon annan swami."

Kvinnan fortsatte sedan att berätta en mycket rörande historia för mig, att hennes make ett par år tidigare hade rest på en pilgrimsfärd till Mount Kailash i Himalaya. Där drabbades han av en hjärtattack och dog på fläcken. Kvinnan kunde inte bli av med sin sorg och smärta. Hon sa: "Jag känner mig arg på Gud. Gud är hänsynslös." Jag lyssnade på hennes berättelse med så mycket medkänsla jag kunde.

Jag pratade med henne och försökte övertyga henne om dödens andliga aspekt och jag gav henne flera av Ammas exempel på det.

Efter att ha gett henne dessa råd sa jag till henne att det faktiskt var så att hennes make varit oerhört lyckligt lottad att få ta sitt sista andetag vid Herren Shivas heliga boning. Jag påminde henne om att han fått en storslagen död.

När kvinnan slutligen gick sa hon: "Tack så jättemycket. Men jag känner fortfarande mycket smärta."

Morgonen därpå gick hon till Amma för darshan. Innan jag hunnit förmedla något till Amma om vad kvinnan berättat för mig, såg Amma henne djup i ögonen och frågade på engelska: "ledsen?"

Amma kände uppenbarligen kvinnans djupa sorg. Medan jag berättade historien för Amma, höll Amma kvinnan mycket ömt och varmt intill sig. Kvinnan grät. Efter en liten stund lyfte Amma varsamt hennes ansikte och såg igen djupt in i hennes ögon och sa: "Döden är inte slutet. Döden betyder inte fullständig utplåning. Den är början till ett nytt liv. Din make hade tur. Amma ser att han är lycklig och fridfull. Så du behöver inte sörja."

Kvinnan slutade gråta och hennes ansikte var så fridfullt.

Jag såg henne igen den kvällen. Hon såg så lättad ut och sa: "Jag känner mig så fridfull nu. Amma har verkligen välsignat mig. Jag vet inte hur hon så plötsligt kunde ta bort all min sorg."

Senare, med det här i åtanke, frågade jag Amma, "Amma, hur kommer det sig att dina ord skapar en sån stor förvandling? Varför händer det inte när vi pratar?"

"Därför att ni är gifta med världen och skilda från det Gudomliga."

"Amma, mitt sinne söker efter fler förklaringar. Så vill Du vara snäll att utveckla det lite mer?"

"Att vara gift med världen betyder att vara 'identifierad med sinnet', vilket leder till en bundenhet till den mångfaldiga världen och dess objekt. Det håller dig separerad, åtskild från ditt inre gudomliga väsen.

"Det är som ett tillstånd av hypnos. När vi vaknar upp ur sinnets hypnos då sker en inre skilsmässa. I det tillståndet kan du fortfarande fungera i världen, men ditt inre äktenskap, eller förening med det Gudomliga, hjälper dig att se världens falska, föränderliga natur. Och därmed blir du fri och obunden. Du är inte längre hypnotiserad av världen och dess objekt. Detta är sannerligen Självförverkligandets högsta tillstånd. Det är att inse att den föreningen, äktenskapet med världen, inte innehåller någon sanning. Sanningen består av att återförenas med det Gudomliga och att förbli i en evig förening med det. Gopierna (Vrindavans koherdinnor och mjölkerskor) ansåg sig vara gifta med Herren Krishna. Inom sig var de förenade med honom, den Gudomlige, och förblev skilda från världen."

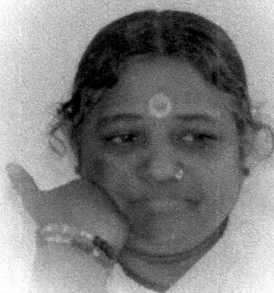

Forskare och helgon

var till en hängiven som hade en fråga om icketroende.

Amma: Tror vi inte på forskarna när de talar om månen och mars? Men hur många av oss kan verkligen bekräfta att det de säger är sant? Ändå litar vi på forskarnas och astronomernas ord, eller hur? På samma sätt utförde helgon och de visa i det förgångna många år av experiment i sina inre laboratorier och kom till insikt om den yttersta sanningen, som ligger till grund för universum. Precis som vi litar på forskarnas ord som berättar om okända fakta för oss, så borde vi ha tillit till de stora Mästarnas ord, när de talar om Sanningen, som de är förankrade i.

103

Hur man går bortom tankarna

En frågeställare: Amma, det verkar som om det inte finns något slut på tankarna. Ju mer vi mediterar, desto fler tankar kommer upp. Varför är det så? Hur kan vi bli av med tankarna och gå bortom dem?

Amma: Tankar, som utgör sinnet, är i själva verket kraftlösa. De får sin kraft från Atman. Våra tankar är vår egen skapelse. Vi gör dem verkliga genom att sammarbeta med dem. Om vi drar tillbaka vårt stöd, kommer de att lösas upp. Uppmärksamma tankarna noga utan att bedöma dem. Då kommer du att se hur de gradvis försvinner.

Sinnet har samlat på sig tankar och begär under hur lång tid som helst, genom de olika kroppar du fötts i. Alla dessa känslor ligger begravda djupt inom dig. Det du ser eller upplever på ytan av sinnet är bara en bråkdel av de dolda lager som ligger slumrande inom dig. När du försöker stilla sinnet genom att meditera, kommer dessa tankar sakta upp till ytan. Det är som att försöka tvätta ett golv som inte har skurats på mycket länge. Nu, när vi börjar processen är det så att ju mer vi skurar desto mer smuts kommer upp till ytan, eftersom golvet samlat på sig smuts i åratal.

Det är samma sak med sinnet. Tidigare ägnade vi aldrig någon uppmärksamhet åt de olika tankar som strömmade genom vårt sinne. Liksom det smutsiga golvet, har sinnet samlat på sig tankar, begär och känslor under mycket lång tid. Vi är bara medvetna om vad som ligger på ytan. Men under ytan finns otaliga lager av tankar och känslor. Precis som mer smuts kommer upp till ytan när golvet börjar skuras, ju djupare vår meditation blir, desto mer tankar blir synliga. Fortsätt att göra rent genom meditation och tankarna kommer att försvinna.

I själva verket är det bra om tankarna kommer upp. Därför att, när du en gång sett dem och erkänner dem, blir det lättare att få bort dem. Tappa inte tålamodet. Var ihärdig och fortsätt med din sadhana (andliga övningar). I sinom tid kommer du få styrkan att komma över dem.

Våld, krig och lösningen

En frågeställare: Vad kan människor göra för att få slut på krig och lidande?

Amma: Visa större medkänsla och ha mer förståelse.

Frågeställaren: Det kanske inte är den snabbaste lösningen.

Amma: En snabb och omedelbar lösning är nästan omöjlig. Det är nog inte heller möjligt att genomföra ett sånt program efter ett visst tidsschema.

Frågeställaren: Men det är inte vad de fredsälskande människorna i världen vill ha. De vill ha en snabb lösning.

Amma: Det är bra. Låt den önskan att hitta en snabb lösning få fortsätta växa tills den blir en intensiv längtan. Bara från en sån djup längtan kan en snabb lösning utvecklas.

Frågeställaren: Många andligt orienterade människor anser att yttre våld och krig helt enkelt är en manifestation av det inre våldet. Vad anser Du om det?

Amma: Det är sant. Men vi måste förstå att precis som våld är en del av människans sinne, så är frid och lycka också väldigt mycket en del av sinnet. Och om folk verkligen vill, kan de finna frid både inom sig och utanför. Varför är människor mer fokuserade på sinnets aggressiva och destruktiva aspekter? Varför förbiser de helt och hållet den oändliga kärleken och den underbara kreativiteten som samma sinne också kan uppnå?

Ytterst sett är alla krig inget annat än sinnets önskan eller behov av att uttrycka sitt våldsamma inre. Sinnet har en primitiv, outvecklad eller underutvecklad aspekt. Krig är resultatet av sinnets primitiva aspekt. Sinnets krigshetsande natur är helt enkelt ett exempel, som visar att vi ännu inte vuxit ur vårt primitiva sinne. Om vi inte kommer över den här delen av sinnet, kommer krig och konflikter att fortsätta i världen. Att söka efter det rätta sättet att växa ifrån den här delen av sinnet och att tillämpa det, är det mest passande och det sundaste sättet att närma sig frågan om krig och våld.

Frågeställaren: Är det sättet andlighet?

Amma: Ja, att förvandla vår tankeprocess och att växa ur våra mentala svagheter och begränsningar är andlighet.

Frågeställaren: Tror Du att människor av alla trosuppfattningar kommer att acceptera det?

Amma: Det är sanningen, oavsett om de accepterar det eller inte. Först när religiösa ledare tar initiativet och börjar sprida de andliga principerna i sina egna religioner, kommer den nuvarande situationen förändras.

Frågeställaren: Amma, tror Du att de grundläggande principerna i alla religioner är andlighet?

Ammas: Det är inte vad Amma tror. Det är Ammas fasta övertygelse. Det är sanningen.

Religion och dess grundläggande principer har inte blivit förstådda på rätt sätt. De har i själva verket till och med blivit misstolkade. Varenda religion i världen har två aspekter: den yttre och den inre. Den yttre är filosofin eller den intellektuella delen, medan den inre är den andliga delen. De som blivit alltför fästa vid religionens yttre del kommer att bli vilseledda. Religionerna är vägvisare. De pekar mot ett mål, och målet är andlig Upplysning. För att uppnå det målet måste man gå bortom vägvisaren, dvs. orden.

Till exempel om du måste ta dig över en flod. Då behöver du använda en båt. Men när du når den motsatta stranden måste du stiga ur båten och gå vidare. Å andra sidan, om du envisas om att säga: "Jag älskar den här båten så mycket att jag inte vill lämna den, så jag stannar här i båten", då når du inte den andra stranden. Religion är båten. Använd den för att ta dig över havet av missförstånd och missuppfattningar om livet. Utan att förstå och praktisera detta, kommer verklig fred inte att gry, varken utanför eller inom oss.

Religion är som ett staket som skyddar en planta från djur. När plantan en gång har blivit ett träd behöver det inget staket längre. Så vi kan säga att religionen är liksom staketet och Upplysningen är som trädet.

Någon pekar på en frukt i ett träd. Du ser på fingret och sedan bortom det. Om du inte tittar förbi fingret, kan du inte få frukten. Nu för tiden missar människor från alla religioner själva frukten. De har blivit alltför fästa vid och till och med besatta av det pekande fingret, det vill säga orden och religionens yttre aspekt.

Frågeställaren: Tror Amma att det inte finns en tillräcklig medvetenhet om detta i samhället?

Amma: Det pågår en massa arbete för att skapa den medvetenheten. Men på grund av det intensiva mörkret är det nödvändigt att vakna upp och arbeta på det ännu mer. Naturligtvis finns det enskilda personer och organisationer som är involverade i att skapa den medvetenheten. Men målet nås inte av att bara organisera konferenser och fredssamtal. Verklig medvetenhet kommer endast genom ett meditativt liv. Det är något som ska ske inom oss. Alla organisationer och enskilda personer som aktivt arbetar för en fredlig värld utan krig, måste betona det här. Fred skapas inte av intellektuella övningar. Men av en känsla, eller snarare, ett spirande som uppstår inom oss, som ett resultat av att vi riktar vår energi genom rätt kanaler. Detta är vad som händer i meditation.

Frågeställaren: Hur skulle Amma beskriva den nuvarande situationen i världen?

Amma: Det mänskliga fostret i mammans livmoder har i ett tidigt stadium en form som liknar en fisk. Sen mot slutet ser det nästan ut som en apa. Även om vi hävdar att vi är civiliserade människor som har tagit stora stormsteg vetenskapligt sett, så visar många av våra handlingar att vi ändå inom oss fortfarande bara befinner oss i fostrets slutskede.

I själva verket skulle Amma säga att det mänskliga sinnet är långt mer avancerat än en apas. En apa kan bara hoppa från en gren till en annan, från ett träd till ett annat, men det mänskliga apsinnet kan ta mycket större språng. Det kan hoppa härifrån till var som helst, till månen eller till Himalayas fjälltoppar och från det nuvarande till det förgångna och till framtiden.

Bara en inre förändring grundad på ett andligt synsätt kommer att föra med sig frid och få ett slut på lidandet. De flesta är orubbliga i sina attityder. Deras paroll är "Bara om du ändrar dig kommer jag att ändra mig." Det kommer inte att hjälpa någon. Om du ändrar dig först, kommer den andra automatiskt också att ändra sig.

Kristus och kristendomen

En frågeställare: Jag är född kristen. Jag älskar Kristus, men jag älskar också Amma. Amma är min Guru. Problemet är att mina två söner, som tillhör kyrkan och är ivriga kristna, inte tror på något annat än det. De säger jämt och ständigt till mig, "Mamma, det gör oss så ledsna att vi inte kommer att få se dig i himmelriket eftersom du kommer att hamna i helvetet därför att du inte följer Kristus." Jag försöker prata med dem, men de vill inte lyssna. Amma, vad ska jag göra?

Amma: Amma förstår helt deras tro på Kristus. Faktum är att Amma verkligen uppskattar och har stor respekt för människor som har en djup tro på sin religion och personliga Gud. Men det är helt fel och ologiskt att säga att alla andra som inte tror på just samma religion kommer att gå till helvetet. När Kristus sa, "Älska din nästa som du älskar dig själv", så menade han inte, "Älska bara de kristna", eller hur? Att säga att alla som inte är kristna kommer att gå till helvetet, är att utesluta alla andra på grund av en total brist på kärlek. Det är en lögn. Att ljuga är att gå emot Gud. Gudaktighet eller helighet är att vara sanningsenlig. Därför att Gud är Sanningen. Gud finns i vår hänsyn och kärlek gentemot andra.

Ett uttalande som "Ni kommer alla att hamna i helvetet för att ni inte följer Kristus" visar total respektlöshet och brist på vänlighet mot resten av mänskligheten. Vilken högdragen och grym attityd det är att säga att alla stora helgon, de visa och de miljarder människor som levde före Kristus gick till helvetet! Hävdar de här människorna att man under bara 2000 år har kunnat uppleva Gud? Eller menar de att Gud bara är 2000 år gammal? Det är helt emot Guds själva natur, Gud som är allestädes närvarande och bortom tid och rum.

Jesus var Gud manifesterad i mänsklig form. Amma har absolut inga problem att acceptera det. Men det betyder inte att alla de stora inkarnationer före och efter honom inte är *Avatarer* (Gud nedstigen i mänsklig form) eller att de är oförmögna att frälsa dem som tror på dem.

Sa inte Kristus, "Guds rike finns inom dig"? Det är ett så enkelt och okomplicerat uttalande. Vad betyder det? Det betyder att Gud dväljs inom dig. Om himmelriket är inom dig så är också helvetet inom dig. Det är ditt sinne. Sinnet är ett mycket effektivt verktyg. Vi kan använda det för att skapa både helvetet och himmelriket.

Alla Stora Själar, inklusive Kristus, lägger stor vikt vid kärlek och medkänsla. Kärlek och medkänsla är i själva verket de fundamentala principerna i alla genuina religioner. Dessa gudomliga egenskaper utgör underlaget för alla religioner. Utan att acceptera att det Rena Medvetandet är den väsentliga principen som underligger allt, kan man inte på riktigt älska andra och känna medkänsla. Att säga, "Jag älskar dig, men bara om du är kristen", är som att säga, "Bara kristna har medvetande; alla andra är livlösa objekt." Att förneka medvetandet är att förneka kärleken och sanningen.

Min dotter, vad din inställning till situationen beträffar så tror inte Amma att det blir lätt att ändra hur dina söner känner. Inte heller är det nödvändigt. Låt dem vara med sin tro. Följ ditt hjärta och fortsätt tyst och stilla att göra det du tycker är rätt. När allt kommer omkring så är den djupa känslan i ditt hjärta vad som verkligen betyder något.

111

Var en god kristen, hindu, buddhist, jude eller muslim, men tappa aldrig någonsin bort din urskiljningsförmåga och bli en galen person i religionens namn.

Kristusmantra-initiering

En kristen ung man bad Amma om ett mantra.
"Vem är din älskade gudomlighet?" frågade Amma honom.

"Amma, det får Du bestämma", svarade han. "Vilken Gud Du än väljer så kommer jag att recitera det mantrat."

"Nej", svarade Amma. "Amma vet att du är född och uppvuxen som kristen, så den *samskaran*[16] är djupt rotad i dig."

---

[16] *Samskara* = intryck som inpräntats i det undermedvetna av upplevelser (från detta och tidigare liv), vilka påverkar människans liv – hennes natur, handlingar, sinnestillstånd, etc.

Efter en stunds eftertanke sa den unge mannen, "Amma, om Du vill att jag ska välja en gudomlighet, var snäll och ge mig ett Kali-mantra."

Men Amma nekade kärleksfullt hans begäran. Hon sa, "Ser du, Amma vet att du försöker säga vad du tror Amma vill höra. Men för Amma spelar det ingen roll om du reciterar ett Kali-mantra eller ett Kristus-mantra. Var ärlig mot dig själv och var öppen mot Amma. Det är den inställningen som verkligen gör Amma lycklig."

Han försökte övertyga Amma och sa, "Men Amma, jag reciterar *mrityunjaya*-mantrat (mantrat som övervinner döden) och andra hinduiska böner."

Amma svarade, "Det må vara sant, men du måste recitera ett Kristus-mantra eftersom det är din dominerande samskara. Om du reciterar andra mantran, kommer det att bli svårt för dig att hålla dig fast vid dem i det långa loppet. Motstridiga tankar kommer utan tvivel att komma upp."

Men den unge mannen var orubblig. Han ville att antingen skulle Amma välja ett mantra åt honom eller initiera honom i ett Kali-mantra. Slutligen sa Amma, "Okej, min son. Gör en sak. Sitt tyst och meditera en stund och låt oss se vad som händer."

När han några minuter senare kom ut ur sin meditation frågade Amma honom, "Berätta nu för Amma, vem är din älskade gudomlighet?" Den unge mannen bara log. "Kristus, eller hur?" sa Amma. "Ja, Amma. Du har rätt och jag har fel", svarade han.

Amma sa till honom, "Amma ser ingen skillnad mellan Kristus, Krishna och Kali. Men även om du inte medvetet känner någon skillnad, så gör du det i ditt undermedvetna. Amma ville att du skulle inse det och acceptera det. Det var därför hon bad dig att meditera."

Den unge mannen var lycklig och Amma initierade honom i ett Kristus-mantra.

Vilseledda sökare och lösningen

En frågeställare: Amma, det finns människor som har utfört intensiva andliga övningar under en lång tid. Trots det är de ändå helt vilseledda. Vissa av dem hävdar till och med att de har nått målet för resan på den andliga vägen. Hur kan vi hjälpa dessa människor?

Amma: Hur kan någon hjälpa dem om de inte själva inser att det är nödvändigt? För att komma ut ur vanföreställningarnas mörker, måste man först förstå att man befinner sig i mörkret. Det är ett annat komplicerat sinnestillstånd. De barnen har fastnat där och har svårt att acceptera sanningen. Hur kan man göra

116

några anspråk som de där barnen gör, om man är fullkomligt fri från egots alla former?

Frågeställaren: Vad driver dem in i det här vilseledda sinnestillståndet?

Amma: Deras felaktiga idé om andlighet och deras felaktiga idé om meditation på frågan: "Vem är jag?"

Frågeställaren: Kan de räddas?

Amma: Bara om de vill räddas.

Frågeställaren: Kan inte Guds nåd rädda dem?

Amma: Naturligtvis. Men är de öppna för att ta emot den nåden?

Frågeställaren: Nåd och kärlek är ovillkorliga. Att vara öppen är ett tillstånd, eller hur?

Amma: Öppenhet är inte ett tillstånd. Det är en nödvändighet, lika oumbärligt som att äta och sova.

Behovet av en sann
Mästares vägledning

En frågeställare: Somliga är av den uppfattningen att det inte är nödvändigt med en andlig Mästares vägledning för att uppnå Gudsmedvetenhet. Amma, vad anser Du om det?

Amma: En fysiskt blind person ser mörker överallt. Så han eller hon söker hjälp. Men trots att människor är andligt blinda så förstår de inte det. Även om de förstår det, vill de inte acceptera det. Därför är det svårt för dem att söka vägledning.

Människor har olika åsikter och de har friheten att uttrycka dem. De med skarpare intellekt kan bevisa eller motbevisa allt möjligt. Men deras uttalanden behöver inte nödvändigtvis vara sanna. Ju mer intellektuell man är, desto mer egoistisk är man. För en sån person är det inte så lätt att överlämna sig själv. Gudsupplevelsen kan inte bli verklighet om inte egot överlämnas. De som är mycket fästa vid sina egon hittar många olika sätt att berättiga sina egoistiska handlingar. Amma känner att om någon hävdar att en Gurus vägledning inte alls är nödvändig på vägen till Gud, så är de rädda för att överlämna sina egon. Eller kanske att de själva gärna vill vara en Guru.

Även om vår sanna natur är gudomlig, har vi identifierat oss med namnens och formernas värld under en så lång tid, så vi har trott att det är den världen som är den verkliga. Nu behöver vi ge upp vår identifikation med den världen.

En gåva från ett oskyldigt hjärta

En liten flicka kom för darshan och räckte fram en vacker blomma till Amma. Hon sa, "Amma, den är från vår trädgård hemma."

Amma svarade, "Är den? Så vacker den är!" När hon tog emot blomman vidrörde hon ödmjukt sitt huvud med den, som om hon bugade sig för den.

"Plockade du den själv?" frågade Amma. Flickan nickade. Hennes mamma förklarade att dottern blivit så upprymd när hon fick reda på att de skulle träffa Amma att hon rusat ut i trädgården och kommit tillbaka med blomman. Där fanns faktiskt fortfarande några daggdroppar kvar på den. "När hon visade mig blomman, sa hon, 'Mamma, den här blomman är lika vacker som Amma!'"

Flickan satt i Ammas knä. Plötsligt kramade hon Amma hårt och pussade henne på båda kinderna. Hon sa, "Jag älskar dig så mycket, Amma!" Amma kysste henne tillbaka flera gånger och svarade, "Mitt barn, Amma älskar dig också väldigt mycket!"

Amma såg efter den lilla flickan, som dansade glatt bredvid sin mamma när de gick tillbaka till sina platser. Amma sa, "Oskuldsfullhet är så vackert och hjärtknipande."

Direktlinje till Gud

U nder frågestunden på en av Ammas retreater, frågade en hängiven bekymrat, "Amma, så många tusen människor ber till dig. Det verkar som nästan alla linjer kommer att vara upptagna när jag ringer för att be om hjälp. Har Du några förslag till mig?"

Amma skrattade hjärtligt när hon fick höra frågan. Hon svarade, "Oroa dig inte, min son. Du har en direktlinje!" Ammas svar fick alla att skratta. Hon fortsatte, "Alla har faktiskt en direktlinje till Gud. Men kvaliteten på linjen beror på hur intensiv din bön är."

120

Som en rinnande flod

En frågeställare: Amma, Du gör samma arbete dag efter dag, år efter år. Blir du inte uttråkad av att ständigt krama människor på det här viset?

Amma: Om floden känner sig uttråkad av att flöda, om solen känner sig uttråkad av att lysa och om vinden känner sig uttråkad av att blåsa, då känner sig Amma också uttråkad.

Frågeställaren: Amma, var Du än befinner dig så är Du alltid omgiven av människor. Känner Du inget behov av lite frihet och att få vara med dig själv?

Amma: Amma är alltid fri och med sig Själv.

Vediska ljud och mantran

En frågeställare: De forntida rishierna (visa) kallas för *mantra drishtas* (de som har sett mantrat). Betyder det att de har sett de rena ljuden och mantran?

Amma: "Att ha sett" betyder "grytt inom sig" eller upplevt. Mantran kan bara upplevas inom oss. De vediska ljuden och mantran fanns redan där i universum, i atmosfären. Vad gör forskarna när de upptäckt något? De för fram ett faktum i ljuset, som har legat gömt oändligt länge. Vi kan inte kalla det en ny uppfinning. De har bara upptäckt det.

De enda skillnaderna mellan vetenskapliga upptäckter och upptäkter av mantran är de subtilare nivåerna. Genom sträng botgöring gjorde rishierna sina inre instrument fullkomligt rena och klara. På så sätt uppdagades de universella ljuden automatiskt inom dem.

Vi vet hur ljud och bilder i form av vibrationer färdas genom luften från en radio eller TV-station. Vibrationerna finns alltid i atmosfären. Men för att kunna se eller höra dem, måste vi ställa in vårt instrument, radion eller TV:n, på rätt frekvens. På samma sätt kommer de gudomliga ljuden att avslöja sig för dem som har ett klar och rent sinne. De yttre ögonen har ingen möjlighet att se dem. Bara genom att utveckla ett tredje öga, eller inre öga, kommer vi ha möjlighet att uppleva de här ljuden.

Ta vilket ljud som helst – lär dig att känna in det så djupt du kan. Att känna ljudet, inte bara höra ljudet är vad som verkligen betyder något. Känn dina böner, känn ditt mantra - och du kommer att känna Gud.

Frågeställaren: Har mantran någon betydelse?

Amma: Inte på det sättet du tror eller förväntar dig. Mantran är den renaste formen av universella vibrationer eller shakti (gudomlig energi), vars omfattning rishierna upplevde i djup meditation. Mantra är universums kraft i fröform. Det är därför mantran också kallas för *bijaksharas* (fröbokstäver). Efter att ha fått den erfarenheten, erbjöd rishierna dessa rena ljud till mänskligheten. Men att verbalt sammanfatta en upplevelse, särskilt den djupaste av alla upplevelser, är inte så lätt. Så de mantran vi har är de ljud som ligger närmast det universella ljudet och som de godhjärtade rishierna muntligt kunde skapa till nytta för världen. Men faktum kvarstår ändå att ett mantras hela rikedom bara kan upplevas när ens sinne uppnått perfekt renhet.

Något som saknas

En frågeställare: Amma, det är så många som säger att trots alla sina materiella bekvämligheter, är det något som saknas i deras liv. Varför känner de så?

Amma: Livet ger människor olika upplevelser och situationer beroende på deras förflutna handlingar (*karma*) och beroende på det sätt som de lever och agerar i nuet. Vem du än är och vilka materiella höjder du än uppnår, är det bara genom att leva och tänka på ett dharmiskt (rättfärdigt) sätt som kan hjälpa dig att uppnå perfektion och lycka i livet. Om din rikedom och dina önskningar inte används i enlighet med den yttersta dharman, dvs

124

att uppnå moksha (Befrielse), kommer du aldrig att finna frid. Du kommer alltid att ha känslan att du saknar något. Det du saknar är frid, fullbordan och tillfredsställelse. Den här bristen på sann glädje skapar ett tomrum, som aldrig någonsin kan fyllas genom att hänge sig åt nöjen eller att uppfylla materiella önskningar.

Människor över hela världen tror att de kan fylla det här tomrummet genom att uppfylla sina begär. I själva verket kommer tomrummet att bli kvar och kan till och med växa om de bara fortsätter att ränna efter världsliga föremål.

Dharma och moksha är beroende av varandra. Den som lever i enlighet med dharmas principer kommer att uppnå moksha, och den som har en innerlig längtan att uppnå moksha kommer utan tvivel att leda ett dharmiskt liv.

Om pengar och rikedomar används på ett oklokt och fel sätt, kan de bli ett stort hinder. De är hinder för dem som vill utvecklas andligen. Ju mer pengar du har, desto troligare är det att du blir mer besatt av kroppen. Ju mer du identifierar dig med kroppen, desto mer egoistisk blir du. Pengar är inte ett problem i sig självt, men en ointelligent bundenhet till pengar är ett problem.

Världen och Gud

E n frågeställare: Vad är sambandet mellan världen och
Gud, glädje och sorg?

Amma: Vi behöver faktiskt världen för att lära känna Gud
och för att uppleva verklig lycka. I klassrummet skriver läraren
på den svarta tavlan med en vit krita. Den svarta bakgrunden
ger de vita bokstäverna en kontrast. På samma sätt är världen den
bakgrund vi behöver för att känna vår egen renhet, för att kunna
bli medvetna om vårt sanna väsen, som är evig lycka.

Frågeställaren: Amma, är det sant att bara människor känner sig
olyckliga och missnöjda, att djuren inte kan göra det?

Amma: Inte riktigt. Djur känner också sorg och missnöje. De
upplever sorg, kärlek, ilska och andra känslor. Men de känner

inte lika djupt som människan. Människan är mer utvecklad, så hon känner på ett mycket mer djupgående sätt.

Djupa känslor av sorg visar oss faktiskt möjligheten att kunna ta oss till den andra ytterligheten som är lycksalighet. Från känslan av djup sorg och smärta kan vi faktiskt samla tillräckligt med styrka för att komma till den andliga vägen som innebär att meditera på frågan: Vem är jag? Det är bara en fråga om att kanalisera vår shakti (livskraft) med mer urskiljning.

Frågeställaren: Amma, hur kan vi använda vårt shakti med mer urskiljning?

Amma: Endast en djupare förståelse kan hjälpa oss att göra det. Antag att vi går på en begravning eller besöker en gammal sjuk person, som är helt sängliggande. Vi kommer definitivt att känna oss ledsna. Men när vi kommit hem till våra uppgifter glömmer vi det och går vidare. Situationen har inte rört vårt hjärtas innersta vrå. Den har inte nått så djupt. Men om du verkligen kan begrunda såna erfarenheter och tänka, "Förr eller senare kommer samma sak att hända mig. Jag borde undersöka orsaken till allt det här lidandet och förbereda mig själv innan det är för sent", då kommer det gradvis att förändra ditt liv och leda dig in till universums djupare mysterier. Om du är uppriktig och gör det på allvar, kommer du att hitta själva källan till lyckan.

Medan Amma pratade började ett litet barn, som satt helt bekvämt i sin mammas knä, plötsligt att gråta. "Baby ... baby ... baby!" ropade Amma och frågade varför barnet grät. Mamman höll upp en napp och sa, "Hon tappade den här!" Alla skrattade. Mamman satte tillbaka nappen i barnets mun och hon slutade gråta.

Amma: Den lilla förlorade sin glädje. Det var en bra demonstration på just det Amma försökte förklara. Nappen är, liksom världen, bara illusorisk. Den ger inte barnet någon näring. Däremot hindrar den barnet från att gråta. Så kan vi säga att den ändå har ett syfte. Likaså, ger världen egentligen inte själen någon näring. Men den har ett syfte: att påminna oss om Skaparen, eller Gud.

Frågeställaren: Det sägs att man måste genomgå väldigt mycket sorg och lidande innan förverkligandet av Självet. Är det påståendet riktigt?

Amma: Även annars finns det sorg och lidande i livet. Andlighet är inte en resa framåt, utan en resa bakåt. Vi återvänder till den ursprungliga källan till vår existens. I den processen måste vi passera genom de lagren av känslor och *vasanas*[17] (tendenser) vi har samlat på oss hittills. Det är därifrån smärtan kommer, inte utifrån. Genom att gå igenom dessa lager inom oss med en öppen attityd, passerar vi faktiskt över och transcenderar dem, vilket slutligen för oss till den högsta fridens och lycksalighetens boning.

Innan man når toppen av ett berg, måste man börja nere i dalen vid foten av berget, den andra ytterligheten. Likaså, innan vi kan nå den yttersta lyckan, är upplevelsen av den andra ytterligheten. d.v.s. lidandet, oundviklig.

Frågeställaren: Varför är den oundviklig?

Amma: Så länge man identifierar sig med egot och man känner, "Jag är avskild från Gud", kommer det att finnas sorg och lidande.

---

[17] Vasanas är de latenta tendenser eller subtila begär, som finns inom sinnet med en benägenhet att manifesteras i gärningar och vanor. Vasanas är de hopsamlade resultaten av de intryck från erfarenheter (samskaras) som finns i det undermedvetna.

Nu står du vid foten av berget. Innan du ens kan börja klättra måste du ge upp din bundenhet till dalen och allt vad du äger där. Smärta är oundviklig, om du gör det halvhjärtat. Annars finns det ingen smärta. När du har gett upp din bundenhet förvandlas smärtan till en intensiv längtan, en längtan efter att nå den högsta Eviga Föreningen. Den verkliga frågan är, hur många kan helhjärtat ge upp den bundenheten?

Den hängivne försjönk i sina tankar en stund. När Amma märkte att han tystnat knackade hon honom lätt på huvudet och sa, "Om du stämmer egots tabla (indisk trumma), så låt oss höra behagliga ljud!" Den hängivne brast spontant i skratt.

Amma: Amma har hört en historia. Det var en rik man som tappade allt intresse för det världsliga livet och ville börja ett nytt lugnt och fridfullt liv. Han hade allt som pengar kunde köpa, men livet kändes ändå fullständigt meningslöst för honom. Så han bestämde sig för att be om vägledning av en andlig Mästare. Innan han lämnade sitt hus tänkte han, "Vad ska jag göra med alla dessa pengar? Låt mig ge allt till Mästaren och sen glömma det. Sann lycka är vad jag verkligen längtar efter." Så den rike mannen stoppade alla sina guldmynt i en säck och bar den med sig.

Efter en hel dags färd kom han fram till Mästaren som satt under ett träd vid utkanten av en by. Han la ner pengasäcken framför Mästaren och bugade sig djupt inför honom[18]. Men när han lyfte huvudet blev han förbluffad när han fick se Mästaren springa iväg med pengasäcken. Den rike mannen blev helt förvirrad och överraskad av Mästarens märkliga beteende och sprang

---

[18] *Pranam* är en respektfull hälsning. Inför en Gudomlighet eller en Guru brukar man i Indien knäböja med pannan mot marken eller vidröra Guruns fötter för att visa sin vördnad. Männen lägger sig ofta raklånga på marken av vördnad.

efter honom så fort benen kunde bära honom. Men Mästaren sprang fortare - längs fälten, upp och ner för kullarna, hoppande över bäckar, trampande på buskar och genom gatorna. Det började bli mörkt. Mästaren kände byns smala, slingrande stigar och gatsystem så väl att den rike mannen hade stora svårigheter att hålla jämna steg med honom.

Den rike mannen gav slutligen upp och återvände till samma plats där han först träffat Mästaren. Och där låg hans pengasäck! Mästaren stod gömd bakom ett träd. När den rike mannen girigt grabbade tag i sin dyrbara säck kikade Mästaren fram bakom trädet och sa, "Berätta nu hur du känner dig."

"Jag är glad, mycket glad! Det är det lyckligaste ögonblicket i mitt liv!"

"Jaså", sa Mästaren, "för att uppleva verklig lycka, måste man också gå igenom den andra ytterligheten."

Mina barn, ni kan vandra i världen och jaga efter dess olika ting. Men om ni inte återvänder till källan, där ni ursprungligen började, kommer ni inte att uppleva verklig lycka. Det är också ett av budskapen i den här berättelsen.

Frågeställaren: Amma, jag har hört att om inte allt sökande upphör så kan man inte hitta den sanna lyckan. Hur förklarar Du det?

Amma: Med att "allt sökande upphör" menas att sökandet efter lycka i den yttre världen måste upphöra, eftersom det du söker finns inom dig. Sluta jaga efter världens ting och vänd dig inåt. Där hittar du det du söker.

Du är både sökaren och det som söks. Du letar efter något som du redan har. Det kan inte hittas utanför dig själv. Därför slutar varje yttre sökande efter lyckan i misslyckande och frustration. Det är som hunden som jagar sin egen svans.

Obegränsat tålamod

D et finns en medelålders man, som varje år sedan 1988, när Amma först besökte New York, kommit till Ammas program där. Jag kan inte glömma honom eftersom han alltid frågar Amma samma frågor. Och nästan varje gång blir det jag som tolkar för honom. År efter år har han frågat följande tre frågor, utan att en enda gång ens ha formulerat om dem.

1. Kan Amma ge mig omedelbar Upplysning?

2. När kommer jag att gifta mig med en vacker kvinna?

3 Hur kan jag tjäna snabba pengar och bli rik?

När jag fick se honom i darshankön kommenterade jag skämt-samt, "Den trasiga skivan är på väg!"

Amma anade genast vem jag menade. Hon gav mig en sträng blick och sa, "Andlighet handlar helt och hållet om att man känner och deltar i andras problem och lidande. Man bör åtminstone ha ett moget intellektuellt förhållningssätt mot människor som går igenom såna problem och situationer. Om du inte har tålamod att lyssna på dem, då är du inte lämpad att vara Ammas översättare."

Jag bad Amma uppriktigt om ursäkt för mina fördomsfulla ord och min attityd. Jag var dock fortfarande tveksam om Amma verkligen ville höra hans frågor för 15:e gången.

"Ska jag ta hans frågor", frågade jag Amma.

"Naturligtvis! Varför frågar du?"

Och visst kom han fram med samma tre frågor. Jag blev ännu en gång fylld med vördnad och förundran när jag bevittnade hur

Amma lyssnade på honom och gav honom råd, som om det vore första gången hon hörde hans frågor.

Frågeställaren: Kan Amma ge mig omedelbar Upplysning?

Amma: Har du mediterat regelbundet?

Frågeställaren: Jag hoppas kunna tjäna bra pengar, så jag arbetar 50 timmar i veckan. Jag mediterar, men inte regelbundet.

Amma: Vilket betyder?

Frågeställaren: Efter jobbet mediterar jag om jag får tid.

Amma: Okej. Hur går det med ditt mantra? Reciterar du det varje dag enligt instruktionerna?

Frågeställaren: (Med en viss tvekan) Ja, jag reciterar mitt mantra, men inte varje dag.

Amma: Vilken tid går du och lägger dig och när går du upp på morgonen?

Frågeställaren: Jag brukar gå till sängs omkring midnatt och gå upp klockan sju.

Amma: Vilken tid åker du till jobbet?

Frågeställaren: Jag är på kontoret mellan klockan halv nio och fem. Utan trafik tar det 35 till 40 minuter att köra dit. Så jag lämnar hemmet normalt ungefär tjugofem minuter i åtta. När jag gått upp har jag precis tillräckligt med tid att laga en kopp kaffe, rosta två brödskivor och klä mig. Med frukosten och kaffekoppen i handen, hoppar jag in i bilen och kör iväg.

Amma: Vilken tid kommer du hem från jobbet?

Frågeställaren: Hmm.... Halv sex eller sex.

Amma: Vad gör du när du kommit hem?

Frågeställaren: Jag slappnar av en halvtimma och sen lagar jag middag.

Amma: För hur många människor?

Frågeställaren: Bara för mig. Jag är ensam.

Amma: Hur lång tid tar det?

Frågeställaren: Mellan fyrtio minuter och en timma, på ett ungefär.

Amma: Då är klockan halv åtta. Vad gör du efter middag? Ser du på TV?

Frågeställaren: Ja, det gör jag.

Amma: Hur länge då?

Frågeställaren: (Skrattar) Amma, jag kommer inte undan! Jag ser på TVn tills jag går och lägger mig. Jag vill också erkänna en annan sak för dig.... Nej, glöm det.

Amma: (Klappar honom på ryggen). Kom igen, fortsätt och berätta färdigt var du skulle säga.

Frågeställaren: Det är för pinsamt att tala om.

Amma: Nej, det är okej!

Frågeställaren: (Efter en liten paus.) Det tjänar inget till att dölja det för dig. I vilket fall tror jag att Du redan vet det. Hur skulle Du annars ens kunna skapa en sån här situation? Oj då, vilken lila (gudomlig lek)! Amma, jag vill be dig om förlåtelse. Jag har glömt bort mitt Guru-mantra. Jag kan inte ens hitta papperet det står på.

Amma brast i skratt när hon fick höra detta.

Frågeställaren: (Förvirrad) Vaddå? Varför skrattar Du?

När han satt där och såg orolig ut, nöp Amma honom skämtsamt i örat.

Amma: Din lilla rackare! Amma visste att du försökte döjla nåt för henne. Ser du, min son, Gud är den som ger allting. Amma förstår din uppriktighet och nyfikenhet, men du måste vara mer uppmärksam och engagerad, och du måste vara villig att arbeta hårt för att uppnå målet, för att uppnå Självförverkligande.

Mantrat är bron som förbinder dig med din Guru – det begränsade med det obegränsade. Reciterandet av ett Guru-mantra är som näring för den sanna lärjungen. Var respektfull mot mantrat och ha en vördnadsfull inställning till din Guru genom att ofelbart recitera mantrat varje dag. Om du inte är helhjärtat engagerad kan Upplysning inte ske. Andlighet får inte vara ett deltidsjobb. Det måste vara ett heltidsjobb. Amma ber dig inte att sluta ditt arbete eller att arbeta mindre. Ditt arbete och att tjäna pengar är något du tar mycket på allvar, eller hur? På samma sätt måste Gudsförvekligande också tas på allvar. Andliga övningar måste bli en del av ditt liv, precis som att äta och sova.

Frågeställaren: (Artigt) Amma, jag accepterar ditt svar. Jag vill komma ihåg det och försöka ställa saker och ting till rätta, som Du lärt mig. Snälla Amma, välsigna mig.

Mannen var tyst en stund. Han verkade fundera.

Amma: Min son, du har varit gift två gånger, eller hur?

Frågeställaren: (Häpen) Hur visste Du det?

Amma: Min son, det är inte första gången du nämnt dessa problem till Amma.

Frågeställaren: Vilket minne!

Amma: Vad får dig att tro att ditt nästa äktenskap kommer att fungera?

Frågeställaren: Jag vet inte.

Amma: Vet du inte? Eller är du osäker?

Frågeställaren: Jag är osäker.

Amma: Trots din osäkerhet, funderar du fortfarande på ännu ett äktenskap?

Förvirrad men samtidigt mycket road, skrattade mannen så mycket att han nästan föll omkull. Han satte sig upp, höll ihop handflatorna och sa, "Amma, Du är oemotståndlig och oslagbar! Jag bugar mig inför dig."

Med ett vänligt leende klappade Amma honom lekfullt på hans skalliga huvud, som han nu böjde ner inför henne.

Ovillkorlig kärlek
och medkänsla

En frågeställare: Amma, hur skulle Du definiera ovillkorlig kärlek och medkänsla?
Amma: Det är ett fullkomligt odefinierbart tillstånd.

Frågeställaren: Vad är det då?

Amma: Det är expansivt, som himlen.

Frågeställaren: Är det den inre himlen?

Amma: Det finns inget inre eller yttre där.

Frågeställaren: Vad är det då?

Amma: Det är bara enhet. Det är därför det inte kan definieras.

Den lättaste vägen

En frågeställare: Amma, det finns så många andliga vägar. Vilken är den lättaste?

Amma: Den lättaste vägen är att vara i en Satgurus (sann Mästares) närvaro. Att vara med en Satguru är som att färdas med raket. Satgurun är det snabbaste färdmedel som kan föra dig till målet. Att följa vilken väg som helst utan en Satgurus hjälp är som att färdas med en buss som stannar vid hundratals hållplatser – det kommer att försena processen.

Upplysning, överlämnande och att leva i nuet

En frågeställare: Är det möjligt att Upplysning kan ske utan att man har en attityd av överlämnande, oavsett hur intensiv ens sadhana (andliga övningar) är?

Amma: Tala om för Amma vad du menar med intensiv sadhana. Att utföra intensiv sadhana betyder att man gör det uppriktigt och med kärlek. För att kunna göra det måste du vara i nuet. Och för att vara i nuet måste du ge upp både det förflutna och framtiden.

Vare sig du kallar det för överlämnande, nuet, här och nu, att leva från ögonblick till ögonblick eller något annat, så är de en och samma sak. Termerna kan variera, men vad som händer inuti dig är en och samma sak. Alla former av andliga övningar är till för att lära oss den stora läxan, att släppa taget. Sann meditation är inte en handling; det är hjärtats intensiva längtan efter att bli ett med Självet eller Gud. I den processen, ju djupare vi går, desto mindre ego har vi och desto lättare känner vi oss. Så du förstår, själva syftet med sadhana är att gradvis avlägsna känslan av "jag" och "min." Den processen beskrivs på olika sätt, i olika termer, det är allt.

Frågeställaren: Alla materiella framsteg och framgångar i världen beror i grunden på hur aggressiv och kompetent man är. Om man inte hela tiden skärper sinnet och intellektet kan man inte vinna. Den minsta slapphet för en till den bakre raden och man hamnar i skymundan. Det verkar som om det finns en stor skillnad mellan det andliga och det världsliga livets principer.

Amma: Min dotter, du sa helt rätt, att det bara *verkar* finnas en skillnad.

Frågeställaren: Hur då?

Amma: Därför att, vilka de än är och vad de än håller på med så lever de flesta människor i nuet, men inte helt och hållet. När de är engagerade i en handling eller tanke, så har de överlämnat sig till det ögonblicket. Annars kan inget hända. Se till exempel på en snickare. Om han inte är fokuserad i nuet när han använder ett verktyg, skulle han kunna bli allvarligt skadad. Så människor lever i nuet. Den enda skillnaden är att de flesta människor har liten eller ingen medvetenhet och därför är de bara delvis närvarande eller inte alls närvarande. Den andliga vetenskapen lär oss att vara fullkomligt i nuet, oavsett tid och plats. Människor är antingen i sinnet eller i intellektet – nästan aldrig i hjärtat.

Frågeställaren: Men måste man inte transcendera egot för att vara fullständigt i nuet?

Amma: Jo, men att transcendera egot betyder inte att du slutar fungera eller blir värdelös. Tvärtom – du går bortom alla svagheter. Du blir helt och hållet förvandlad och din inre kapacitet kommer att uttrycka sig till fullo. Som en perfekt människa blir du redo att tjäna världen utan att se några som helst skillnader.

Frågeställaren: Så, menar Amma att det i grunden inte finns någon skillnad mellan överlämnande och att leva i nuet?

Amma: Nej ingen skillnad, det är en och samma sak.

Japamala och mobiltelefon

När Amma gick mot programlokalen tillsammans med sina barn, märkte hon att en *brahmachari* (munk) steg åt sidan för att ta emot ett samtal på mobilen.

När brahmacharin hade avslutat samtalet och återvänt till gruppen, sa Amma, "Med olika saker att ansvara för, som att organisera Ammas program över hela världen och kontakta lokala organisatörer, är det okej för en andlig sökare att ha en mobiltelefon. Men när ni håller mobilen i ena handen, håll då en *japamala* (radband) i den andra, som en påminnelse att inte glömma att recitera ert mantra. En mobil behövs för att hålla kontakt med världen. Om ni behöver använda den, gör det. Men tappa aldrig kontakten med Gud. Det är er livskraft!

En levande Upanishad

En frågeställare: Amma, vad är en Satguru (sann Mästare)?
Amma: En Satguru är en levande Upanishad (för-kroppsligandet av den högsta Sanningen, som beskrivs i Upanishaderna).

Frågeställaren: Vad är Mästarens huvudsakliga uppgift?

Amma: Mästarens enda syfte är att inspirera lärjungarna och ingjuta i dem den tro och kärlek de behöver för att kunna nå målet. Mästarens uppgift är först och främst att skapa gudshän-givenhet eller tända en brinnande längtan efter att känna Självet. När en sån låga är tänd är Mästarens nästa uppgift att hålla lågan brinnande, att skydda den från de onödiga frestelsernas stormiga nätter och kraftiga störtregn. Mästaren kommer att vakta lärjungen, som en höna skyddar kycklingarna under sina vingar. Vart efter som, genom att iaktta Mästaren och få inspiration från hans eller hennes liv, får lärjungen allt djupare kunskap om obundenhet och överlämnande. Detta kulminerar så småningom i ett fullständigt överlämnande och transcendens (överskridande).

Frågeställaren: Vad transcenderar lärjungen?

Amma: Sin lägre natur eller vasanas (tendenser).

Frågeställaren: Amma, hur skulle Du beskriva egot?

Amma: Som inget annat än ett obetydligt fenomen, men ett destruktivt sådant om man inte är försiktig.

Frågeställaren: Men är det inte ett mycket användbart och kraftfullt instrument medan man lever i världen?

Amma: Jo visst, om man lär sig att använda det på rätt sätt.

Frågeställaren: Vad menar Du med på rätt sätt?

Amma: Amma menar att man måste utöva rätt kontroll över egot genom sin urskiljningsförmåga.

Frågeställaren: Sadhaker (andliga sökare) gör samma sak, som en del av sina andliga övningar, eller hur?

Amma: Ja, men sadhaken lär sig gradvis att behärska egot.

Frågeställaren: Betyder det att det inte är nödvändigt att transcendera egot?

Amma: Att behärska och transcendera är samma sak. Egentligen finns det inget att transcendera. Precis som egot slutligen är overkligt, är transcendens också overklig. Endast Atman (Självet) är verklig. Resten är bara skuggor eller som moln som täcker solen. De är inte verkliga.

Frågeställaren: Men skuggorna ger oss skugga. Så vi kan väl inte kalla dem overkliga?

Amma: Sant. En skugga kan inte kallas overklig. Den har ett syfte. Den ger skugga. Men glöm inte trädet, som är skuggans ursprung. Skuggan kan inte existera utan trädet, men trädet existerar även utan skuggan. Därför är skuggan varken verklig eller overklig. Det är det som är maya (illusion). Sinnet, eller egot, är varken verkligt eller overkligt. I vilket fall beror inte Atmans existens på minsta vis på egot.

Till exempel, en far och son är ute och går i en värmebölja. För att skydda sig från värmen, går den lilla pojken bakom sin pappa, och pappans skugga ger honom det skydd han behöver. Du har rätt, min son. Skuggan kan inte kallas overklig, men den är inte heller verklig. Den har emellertid ett syfte. På samma sätt, även om egot varken är verkligt eller overkligt, så har det en funktion - att påminna oss om den yttersta verkligheten, Atman, som ligger till grund för egot.

Liksom skuggan kan varken världen eller egot existera utan Atman. Atman stödjer och upprätthåller hela existensen.

Frågeställaren: Amma, för att gå tillbaka till ämnet om transcendens – Du sa att precis som egot är overkligt så är transcendensen av egot också overkligt. I så fall, vad är det för process, att utveckla Självet eller förverkligandet av Självet?

Amma: Precis som egot är overkligt, är också processen att transcendera egot något som bara verkar ske. Även uttrycket "Självutveckling" är fel, eftersom Självet inte behöver utvecklas. Det som alltid förblir som det är, i alla tre tidsperioder, behöver inte genomgå någon process.

Alla förklaringar leder dig så småningom till insikten att alla förklaringar är meningslösa. Du kommer slutligen att inse att Atman var det enda som existerade, och att det inte fanns någon process.

Till exempel: Mitt i en djup skog finns en underbar källa vars vatten är som nektar. Du upptäcker källan en dag, dricker av vattnet och uppnår odödlighet. Källan har alltid funnits där, men du har inte vetat om den. Du blev plötsligt medveten om den, medveten om dess existens. Det är samma sak med den inre källan av ren shakti (gudomlig energi). När ditt sökande och din längtan efter att lära känna Självet ökar, sker det ett avslöjande och du kommer i kontakt med källan. När den kontakten är etablerad, ser du också att du aldrig varit avskild från källan.

Ett annat exempel: Universum har enorma rikedomar gömda i sitt sköte. Det finns ovärderliga stenar, magiska drycker, mediciner som kan bota allt, värdefull information om mänsklighetens historia, metoder för att lösa universums mysterier och så vidare. Vad forskarna i det förflutna, nutiden och framtiden kunde och kan upptäcka är bara en oändligt liten del av vad universum verkligen bär inom sig. Ingenting är nytt. Alla upptäckter är inget annat än en process som avlägsnar slöjan. Likaså finns den högsta Sanningen alltid djupt inom oss, som om den vore täckt. Avslöjandets process kallas för sadhana (andliga övningar).

Så ur individens synvinkel, sker det en process som utvecklar Självet och därmed sker också transcendens.

Frågeställaren: Amma, hur förklarar Du transcendens i det dagliga livets olika situationer?

Amma: Transcendens inträffar bara när vi uppnår tillräcklig mognad och förståelse. Det sker genom andliga övningar och genom att möta livets olika erfarenheter och situationer med en positiv inställning och en viss öppenhet. Det hjälper oss att släppa våra felaktiga föreställningar och gå bortom. Om du är lite mer vaksam, kommer du att förstå att processen att släppa taget och gå bortom mindre saker, triviala önskningar och bindningar är en normal upplevelse i vårt dagliga liv.

Ett barn vill hela tiden leka med sina leksaker, t.ex. sin gosiga apa. Han älskar apan så mycket att han går och bär på den hela dagen. Ibland leker han med den så mycket att han till och med glömmer att äta. Om hans mamma försöker ta bort apan från honom, blir han ledsen och gråter. När den lilla pojken somnar på kvällen håller han apan tätt intill sig. Först när han somnat kan mamman ta bort apan från honom.

Men en dag märker mamman att alla leksakerna, inklusive apan som pojken älskade mer än något annat, ligger övergivna i ett hörn. Pojken har plötsligt vuxit ifrån dem. Han har kommit över – gått bortom - leksakerna. När han ser ett lekande barn tänker han säkert, "Titta på det där barnet som leker med sina leksaker!" Han har till och med glömt bort att han också var ett litet barn en gång.

I exemplet med barnet släpper barnet leksakerna och fokuserar på något mer avancerat, kanske en trehjuling. Och snart har han gått bortom även den och lärt sig cykla. Slutligen vill han kanske ha en motorcykel, en bil och så vidare. En sadhak däremot måste utveckla den styrka och förståelse som behövs för att transcendera allt som kommer i hans väg och inte fokusera på något annat än Det Högsta.

Maya

En frågeställare: Amma, vad är maya? Hur definierar Du det?

Amma: Sinnet är maya. Det är sinnets oförmåga att föreställa sig världen som obeständig och föränderlig som kallas maya.

Frågeställaren: Det sägs också att den här objektiva världen är maya.

Amma: Ja, därför att den är en projicering av sinnet. Maya är det som hindrar oss att se verkligheten.

Ett litet barn tror att ett lejon gjort av sandelträ är verkligt. Men för en vuxen är det en bit sandelträ. För barnet är träet dolt, och bara lejonet är uppenbart. Föräldrarna kan också uppskatta lejonet, men de vet att det inte är verkligt. För dem är träet verkligt, inte lejonet. På samma sätt, för en Självförverkligad själ är hela universum inget annat än "träet" som omfattar allt, den Absoluta Brahman, Medvetandet.

Ateister

En frågeställare: Amma, vad är din åsikt om ateister?

Amma: Det spelar ingen roll om man tror på Gud eller inte, så länge man tjänar samhället på ett positivt sätt.

Frågeställaren: Du bryr dig inte, eller hur?

Amma: Amma bryr sig om alla.

Frågeställaren: Men tycker Du att deras åsikter är riktiga?

Amma: Det spelar väl ingen roll vad Amma tycker, så länge de tror på sina egna åsikter?

Frågeställaren: Amma, Du slinker undan utan att svara på min fråga.

Amma: Och min dotter, du jagar Amma för att försöka få det svar du vill ha.

Frågeställaren: (Skrattar) Okej, Amma. Jag vill veta om ateism bara är en intellektuell övning eller om det ligger någon mening i vad de säger.

Amma: Mening och meningslöshet beror på ens attityd. Ateister tror starkt på att det inte finns någon högre makt eller Gud. Men en del av dem säger det offentligt medan de inom sig är troende.

Det är inget speciellt med en sån intellektuell gymnastik. En intellektuellt skärpt person kan till synes bevisa eller motbevisa Guds existens. Ateism är grundad i logik. Hur kan intellektuella övningar bevisa eller motbevisa Gud, som är bortom intellektets sfär?

Frågeställaren: Så Amma, Du menar att deras åsikter om Gud är felaktiga, eller hur?

Amma: Vare sig det är frågan om deras eller någon annans åsikter, så är de med all säkerhet felaktiga, eftersom Gud inte kan ses från en viss synvinkel. Gud uppenbarar sig bara när alla synvinklar försvinner. Intellektuell logik kan användas för att fastställa eller vederlägga något. Men det är kanske inte alltid sanningen.

Om du skulle säga, "A har inget i sina händer. B har inte heller något i sina händer. Jag ser inte något i Cs händer heller. Därför har ingen något i sina händer." Det är logiskt och låter rätt, men är det på det viset? På samma sätt är det med intellektuella slutsatser.

Nutidens moderna ateister slösar bort mycket av sin tid genom att försöka motbevisa Guds existens. Om de är fasta i sin tro, varför är de då så oroliga? Istället för att engagera sig i intellektuella argument, som är destruktiva, borde de göra något positivt för samhället.

Frid

E n frågeställare: Kan Amma beskriva i sina egna ord vad frid är?

Amma: Menar du inre eller yttre frid?

Frågeställaren: Jag vill veta vad verklig frid är.

Amma: Min dotter, tala först om för Amma vad din version är av verklig frid.

Frågeställaren: Jag tror att frid är lycka.

Amma: Men vad är sann lycka? Är det något du får när dina begär blir uppfyllda? Eller har du en annan förklaring?

Frågeställaren: Hmm... Det är en känsla som kommer när begären blir uppfyllda, eller hur?

Amma: Men en sån lyckokänsla försvinner snart. Du känner dig glad när ett speciellt begär uppfylls. Men snart tar ett annat begär dess plats och du märker hur du springer efter det. Det finns inget slut på den processen, eller hur?

Frågeställaren: Det är sant. Så, är den inre lycka man känner verklig lycka?

Amma: Okej, hur upplever du inre lycka?

Frågeställaren: (Skrattar) Amma försöker få in mig i ett hörn!

Amma: Nej, vi närmar oss det svar du behöver. Kom igen min dotter, hur är det möjligt att känna inre lycka om sinnet inte är fridfullt? Eller tror du att verklig frid är att känna dig lugn och samlad när du äter choklad och glass?

Frågeställaren: (Skrattar) O nej! Du skojar med mig!

Amma: Nej, min dotter. Amma skojar inte.

Frågeställaren: (Fundersam) Det är varken frid eller lycka. Det är bara en slags upphetsning eller fascination.

Amma: Är en sån fascination varaktig?

Frågeställaren: Nej, den kommer och går.

Amma: Berätta nu för Amma, kan en känsla som kommer och går kallas verklig eller bestående?

Frågeställaren: Egentligen inte.

Amma: Vad kallar du den i så fall?

Frågeställaren: Det som kommer och går kallas normalt tillfälligt eller förbigående.

Amma: Eftersom du nu har sagt det, låt Amma fråga dig följande fråga: Har det funnits några ögonblick i ditt liv när du utan någon särskild anledning upplevt frid?

Frågeställaren: (Efter att ha tänkt efter en stund) Jo, en gång när jag satt på baksidan av min trädgård och såg på solnedgången. Mitt hjärta fylldes av en förunderlig lycka. I det underbara ögonblicket gled jag helt enkelt in i ett tillstånd utan tankar, och jag upplevde så mycket frid och lycka inom mig. Jag försökte senare återfå det ögonblicket genom att skriva en dikt som beskrev den upplevelsen.

Amma: Min dotter, det är svaret på din fråga. Frid händer när sinnet är stilla och har färre tankar. Färre tankar betyder mer frid och fler tankar betyder mindre frid. Den frid eller lycka man känner utan någon anledning är verklig frid och lycka.

Frid och lycka är synonymer. Ju öppnare du är, desto mer frid och lycka du känner och vice versa. Om man inte har en viss grad av självbehärskning, blir det svårt att uppnå verklig frid.

Att finna inre frid är den riktiga vägen till att finna yttre frid. En inre och yttre strävan bör gå hand i hand.

Frågeställaren: Amma, hur skulle Du beskriva frid från en andlig synvinkel?

Amma: Det finns ingen skillnad mellan andlig och världslig frid. Precis som kärleken är en, är också friden en. Jo, det finns en skillnad i grader. Det beror på hur djupt du går inom dig. Tänk dig att sinnet är en sjö. Tankarna är krusningar på sjön. Varje upprörd tanke eller upprörd rörelse är som en sten som slängs i sjön och skapar otaliga krusningar. Ett meditativt sinne är som en lotusblomma som flyter på vattnet. Tankarnas krusningar är fortfarande kvar men lotusblomman förblir opåverkad. Den bara flyter.

"Lämna mig i fred! Jag vill ha lugn och ro!" är ett vanligt uttryck vi hör, ibland i mitten av ett gräl eller när någon blir trött på en person eller situation. Men är det möjligt? Även om vi lämnar personen i fred kommer han inte att uppleva någon frid och inte heller kan han egentligen någonsin vara ensam. Bakom den stängda dörren till hans rum kommer han att sitta och grubbla över allt som hänt och det kommer fortsätta att koka inom honom. Han återkommer till sin värld av oroliga tankar. Verklig frid är en djup känsla som omfamnar hjärtat när vi är fria från tankar från det förflutna.

Frid är inte motsatsen till upprördhet. Frid är frånvaro av upprördhet. Det är ett fullkomligt avslappnat och rofullt tillstånd.

Den största lärdomen i livet

En frågeställare: Vad är den största lärdomen man behöver lära sig i livet?

    Amma: Var fäst vid världen men med en obunden attityd.

Frågeställaren: Hur kan bundenhet och obundenhet gå ihop?

Amma: Håll fast eller släpp taget, precis hur du vill. Utför en handling, släpp sedan taget och gå framåt. Utför ännu en handling, släpp taget och gå framåt. Extra bagage gör resan obekväm, eller hur? På samma sätt kommer det extra bagaget av urskiljningslösa drömmar, begär och bindningar att göra din livsresa fruktansvärt eländig.

    Även de största kejsarna, diktatorerna och härskarna lider fruktansvärt vid slutet av livet därför att de burit på så mycket extra bagage. Bara konsten att vara obunden kan hjälpa dig att ha frid i sinnet vid den tidpunkten.

Alexander den Store var en stor krigare och kejsare som erövrade nästan en tredjedel av världen. Han ville bli hela världens kejsare, men han förlorade ett slag och insjuknade i en dödlig sjukdom. Några dagar innan han dog kallade han sina ministrar och förklarade för dem hur han ville bli begraven. Han sa att han villa ha en öppning tillverkad på båda sidorna av kistan, och att hans armar skulle hänga ut ur kistan med handflatorna uppåt. Ministrarna frågade honom varför han ville ha det så. Alexander svarade att på det viset skulle alla bli medvetna om att den store Alexander, som under hela sitt liv strävat efter att äga och erövra världen, hade lämnat världen helt tomhänt. Han hade inte ens tagit med sig sin egen kropp. Så människorna skulle förstå att det är lönlöst att tillbringa hela ens liv med att jaga efter världen och dess objekt.

Vid slutet kan vi trots allt inte ta med oss något, inte ens vår egen kropp. Så vad finns det för mening med att känna sig alltför bunden?

Konst och musik

En frågeställare: Amma, eftersom jag är konstnär, musiker, skulle jag vilja veta vad min inställning till mitt yrke borde vara och hur jag mer och mer kan uttrycka min musikaliska talang.

Amma: Konst är Guds skönhet som manifesteras i form av musik, målningar, dans och så vidare. Det är ett av de enklaste sätten att förverkliga ens egna medfödda gudomlighet.

Det finns många helgon som funnit Gud genom musik. Så du är speciellt välsignad att kunna vara musiker. När det gäller frågan om din inställning till ditt yrke – var som en nybörjare, var ett barn inför Gud, inför det gudomliga. Detta kan ge dig tillgång till sinnets oändliga möjligheter. Och det, i sin tur, kommer att hjälpa dig att manifestera mer och mer av din musikaliska talang på ett mycket djupare sätt.

Frågeställaren: Men Amma, hur blir man ett barn, en nybörjare?

Amma: Genom att bara acceptera och erkänna din okunnighet blir du automatiskt en nybörjare.

Frågeställaren: Jag förstår det, men jag är inte helt okunnig. Jag är en utbildad musiker.

Amma: Hur mycket träning har du genomgått?

Frågeställaren: Jag studerade musik i sex år och har uppträtt som artist i 14 år.

Amma: Hur stor är rymden?

Frågeställaren: (Låter förvirrad) Jag förstår inte din fråga.

Amma: (Leende) Du förstår inte frågan därför att du inte förstår rymden, eller hur?

Frågeställaren: (Rycker på axlarna) Kanske det.

Amma: Kanske det?

Frågeställaren: Men vad är sambandet mellan min fråga och din fråga om hur stor rymden är?

Amma: Det finns ett samband. Ren musik är lika stor som rymden. Den är Gud. Den är ren kunskap. Det är hemligheten, att låta universums rena ljud flöda genom dig. Du kan inte lära dig musik på 20 år. Det kan hända att du har sjungit under de senaste 20 åren, men att verkligen förstå musik betyder att du förverkligar musiken som ditt eget Själv. För att förverkliga musiken som ditt eget Själv, måste du låta musiken fullkomligt överta dig. För att mer musik ska kunna inta ditt hjärta, behöver du skapa mer utrymme inom dig. Fler tankar betyder mindre utrymme. Grunna nu på detta: "Hur mycket rum har jag inom mig som jag kan ge till ren musik?"

Om du verkligen vill att mer och mer av din musikaliska talang ska manifesteras, minska antalet onödiga tankar och gör mer rum för musikens energi att flöda inom dig.

Kärlekens källa

En frågeställare: Amma, hur lär man sig att känna ren, oskyldig kärlek, som Du brukar tala om?

Amma: Du kan bara lära dig något som är främmande för dig. Men kärleken är din sanna natur. Inom dig finns en källa av kärlek. Få tillgång till den källan på rätt sätt och den gudomliga kärlekens shakti (energi) kommer att uppfylla ditt hjärta och expandera ändlöst inom dig. Du kan inte tvinga det att hända. Du kan bara skapa rätt inställning inom dig själv för att det ska kunna hända.

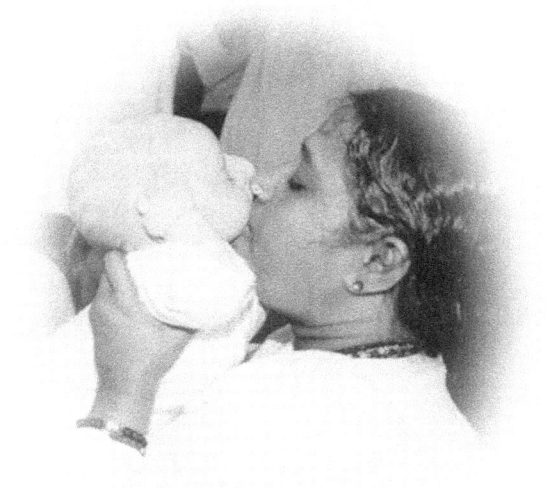

Varför kramar Amma?

En frågeställare: Amma, Du kramar alla. Vem kramar dig?

Amma: Hela skapelsen kramar Amma. I själva verket är Amma och skapelsen i en evig omfamning.

Frågeställaren: Amma, varför kramar Du människor?

Amma: Den frågan är som att fråga floden, "Varför rinner du?"

Varje ögonblick är en
ovärderlig lärdom

mmas morgondarshan var i full gång. Amma hade just
slutat svara på sina barns frågor. Det hade varit en lång
frågekö. Jag suckade djupt och skulle just ta en paus när
en man plötsligt kom fram och räckte mig en papperslapp. Den
innehöll ännu en fråga. Om jag ska vara ärlig så kände jag mig
lite irriterad. Jag tog emot papperslappen och frågade, "Kan du
vänta till i morgon? Vi är klara med frågorna för idag."

Han sa, "Men det är viktigt. Kan du inte fråga Amma nu?"

Jag tänkte, eller jag kanske inbillade mig, att han krävde detta.

"Måste jag förklara det för dig", svarade jag.

Men han vägrade att ge upp. "Du är inte skyldig att hjälpa
mig, men kan du inte fråga Amma? Amma kanske vill svara på
min fråga."

Vid det laget låtsades jag inte om honom och tittade åt an-
dra hållet. Amma höll på att ge darshan. Mannen och jag hade

argumenterat bakom darshanstolen. Fast vi pratat med hårda ord, hade vi varit mycket lågmälda.

Plötsligt vände sig Amma om och frågade mig, "Är du trött? Känner du dig sömnig? Har du ätit nånting?"

Jag blev alldeles blek och på samma gång skämdes jag eftersom hon måste ha hört vår konversation. Jag hade faktiskt varit dum. Jag borde ha vetat bättre. Trots att Amma gav darshan och vi hade pratat så tyst så kunde hennes ögon, öron och hela hennes kropp se, höra och känna allt.

Amma fortsatte, "Gå och ta en paus om du är trött, men översätt den här sonens fråga först. Lär dig att vara hänsynsfull. Bli inte helt besatt av vad du tror är rätt."

Jag bad mannen om ursäkt och översatte hans fråga. Amma svarade kärleksfullt på hans fråga och mannen gick nöjt därifrån. Och naturligtvis, precis som han sagt, hade hans fråga varit viktig.

När han gått sa Amma till mig, "Lyssna min son, när du reagerar mot någon så har du fel och de har högst troligen rätt. Den andra personen, som är i en bättre sinnesstämning, kan se klarare på situationen. Att reagera gör dig blind. Ditt sätt att reagera hjälper dig inte att se den andra eller att bry dig om hans eller hennes känslor.

"Innan du reagerar på en viss situation, ta en paus och säg till den andra personen, 'Ge mig ett ögonblick innan jag svarar dig. Låt mig fundera på vad du har sagt. Du kanske har rätt och jag har fel'.

"Om du är modig nog att säga det, så bryr du dig i alla fall om den andra personens känslor. Det kommer att förhindra många obehagliga situationer som kan uppstå senare."

Jag fick bevittna ännu en ovärderlig läxa från den Stora Mästaren. Jag kände mig ödmjuk.

Att förstå en Upplyst Själ

En frågeställare: Är det möjligt att förstå en Mahatma med sinnet?

Amma: Först och främst, man kan inte förstå en Mahatma. Han eller hon kan bara upplevas. Sinnet, med dess ombytliga och tvivlande natur, kan inte uppleva någonting som det verkligen är, även om det är ett världsligt objekt. Om du till exempel verkligen upplever en blomma, då stannar sinnet upp och något bortom sinnet börjar fungera.

Frågeställaren: Amma, Du sa att sinnet stannar upp och något bortom sinnet börjar fungera. Vad är det?

Amma: Kalla det för hjärtat. Det är ett tillstånd av en tillfällig djup tystnad – sinnets stillhet, tankeflödet upphör.

Frågeställaren: Amma, vad menar Du med sinne? Betyder det bara tankarna eller står det för något mer?

Amma: Sinnet omfattar minnet, det vill säga där det förflutna lagras och att kunna tänka, tvivla, bestämma och känslan av "jag."

Frågeställaren: Hur är det med känslorna?

Amma: De är också en del av sinnet.

Frågeställaren: Okej, så när Du säger att sinnet inte kan förstå en Mahatma, så menar Du att sinnets komplicerade mekanism inte kan förstå vilket tillstånd en Mahatma befinner sig i.

Amma: Ja. Det mänskliga sinnet är så oförutsägbart och knepigt. Det viktigaste för en sökare efter Sanningen är att förstå att han eller hon inte kan känna igen en Satguru (sann Mästare). Det finns inget kriterium för att göra det. Ett fyllo kan känna igen ett annat fyllo. Två hasardspelare kan förstå varandra. En girigbuk känner igen en annan girigbuk. De är av samma mentala kaliber. Men inget sånt kriterium finns för att känna igen en Satguru. Varken våra yttre ögon eller sinnet kan skåda en Upplyst Själ. Man behöver en särskilt utbildning för det, och det är sadhana (andliga övningar). Bara ständig sadhana kommer att ge oss den kraft vi behöver för att kunna tränga igenom och komma in under sinnets yta. När du en gång kommit in under sinnets yta kommer du att konfronteras med otaliga lager av känslor och tankar. För att passera igenom and gå bortom de invecklade, grova och subtila lager i sinnet behöver sökaren en Satgurus ständiga vägledning. Tapas betyder att komma ner i sinnets djupare nivåer, att gå igenom de olika lagren och att lyckas ta sig ut ur dem. Detta, inklusive den slutliga transcendensen, är bara möjligt med en Satgurus ovillkorliga nåd.

Sinnet har alltid förväntningar. Sinnets själva existens är grundad i förväntan. En Mahatma kommer inte att uppfylla sinnets förväntningar och begär. För att kunna uppleva en Mästares rena medvetande måste detta slags sinne försvinna.

Amma, den outtömliga kraften

En frågeställare: Amma, vill Du någonsin sluta arbetet Du håller på med?

Amma: Vad Amma gör är inte arbete. Det är dyrkan. I dyrkan finns bara ren kärlek. Därför är det inte arbete. Amma dyrkar sina barn som Gud. Mina barn, var och en av er är Ammas Gud.

Kärleken är inte komplicerad. Den är enkel, spontan och faktiskt vår grundläggande natur. Därför är det inte arbete. För Amma är hennes sätt att personligen omfamna sina barn det enklaste sättet att uttrycka sin kärlek för dem och för hela skapelsen. Arbete är tröttsamt och förbrukar ens energi. Men kärleken kan aldrig vara tröttsam eller tråkig. Tvärtom, den fyller ditt hjärta med mer och mer energi. Den rena kärleken gör att du känner dig lätt som en blomma. Du känner ingen tyngd eller börda. Det är egot som skapar bördan.

Solen slutar aldrig att lysa. Och vinden fortsätter att blåsa i evighet. Floden slutar aldrig att flöda. Den säger inte, "Nu får det räcka! Jag har gjort samma gamla arbete hur länge som helst. Det är dags för nåt nytt!"

Nej, de upphör aldrig. De kommer att fortsätta så länge världen existerar eftersom att det är deras natur. På samma sätt, kan Amma inte sluta att ge sina barn kärlek eftersom hon aldrig tröttnar på att älska dem.

Leda uppstår bara när det inte finns nån kärlek. Då vill man hela tiden ha en förändring, flytta från en plats till en annan, från ett objekt till ett annat. Men med kärleken kan inget bli gammalt. Allt förblir för evigt nytt och fräscht. Men för Amma är detta ögonblick viktigare än vad som behövs göras i morgon.

Frågeställaren: Betyder det att Du kommer att fortsätta att ge darshan i många år framöver?

Amma: Så länge som dessa armar fortfarande kan röra sig lite och nå ut till dem som närmar sig henne, och så länge det finns tillräckligt med styrka och kraft för att lägga händerna på en gråtande persons skuldra och smeka dem och torka deras tårar, kommer Amma att fortsätta ge darshan. Att kärleksfullt smeka människor, trösta dem och torka deras tårar ända tills slutet av denna jordiska kropp – det är Ammas önskan.

Amma har gett darshan under de senaste 35 åren. Tack vare *Paramatmans* (det Högsta Varandets) nåd har Amma hittills aldrig behövt avboka ett enda darshanprogram på grund av någon fysisk åkomma. Amma oroar sig inte för nästa stund. Kärleken är i nuet, glädjen är i nuet, Gud är i nuet och Upplysning är också i nuet. Så det finns väl ingen anledning att oroa sig i onödan för framtiden? Det som sker nu är viktigare än vad som kommer att hända. Eftersom det här ögonblicket är så underbart och fullkomligt, varför ska vi oroa oss för framtiden? Låt framtiden utvecklas ur nuet av sig självt.

Den förlorade sonen återfunnen

D r. Jaggu bor i Ammas ashram i Indien. Hans familj gav honom nyligen pengar så han kunde resa med Amma till Europa. Detta bestämdes så sent att när han äntligen fick sina visum hade Amma och hennes grupp redan lämnat Indien. Men vi var alla så glada att Jaggu skulle återförenas med oss i Antwerpen, Belgien.

Det var Jaggus första resa utanför Indien. Han hade aldrig flugit tidigare. Så vi hade arrangerat långt i förväg att han skulle hämtas vid flygplatsen. Några belgiska hängivna väntade med bilen utanför ankomsthallen, men Jaggu kom inte ut. Flygplatsens personal bekräftade att en passagerare som hette Jaggu hade anlänt med flyg från Heathrow, London. De sa att han landat på Bryssels internationella flygplats klockan 16.00. Fyra timmar hade gått sen planet landat men det fanns fortfarande ingen information om vad som hänt med Jaggu.

Tillsammans med flygplatspersonalen letade de hängivna över hela flygplatsen. Jaggus namn ropades upp genom högtalarna flera gånger. Men ingenting hände och där fanns inget tecken på Jaggu någonstans.

Slutligen kunde de inte tro annat än att Jaggu gått vilse, antingen på den jättelika flygplatsen eller så hade han gjort ett desperat försök att hitta programlokalen och gått vilse i staden Bryssel.

Under tiden satt Amma med gruppen som reste med henne och övade lugnt de nya *bhajan*-sångerna. Eftersom alla kände sig så oroliga för Jaggu, avbröt jag Amma mitt i sången och talade om vad som hänt. Jag väntade mig att hon skulle uttrycka sin moderliga ängslan. Men till min häpnad vände sig Amma mot mig och sa helt enkelt, "Kom hit och sjung nästa sång."

Jag tog det som ett positivt tecken. När jag såg att Amma satt kvar där, lugn som en filbunke, sa jag till de hängivna, "Eftersom Amma är så lugn, tror jag att Jaggu är helt okej. Om det varit något problem så skulle Amma vara mycket oroligare.

Några minuter senare kom Brahmachari Dayamrita in och sa, "Jaggu har just dykt upp vid huvudentrén!" Ett ögonblick senare kom Jaggu gående med ett stort leende i sitt lilla ansikte.

Men när Jaggu berättade om sina äventyr stod det klart för oss att han verkligen hade gått vilse. Han sa, "När jag kom ut ur flygplatsen var det ingen där och jag visste inte vad jag skulle ta mig till. Trots att jag kände mig lite orolig hade jag den starka tron att Amma skulle skicka någon som skulle rädda mig ur denna, helt för mig främmande situation. Som tur var hade jag adressen till programmet. Ett par tyckte synd om mig och hjälpte mig att komma hit."

Amma sa, "Amma visste mycket väl att du var okej och skulle hitta hit. Det var därför Amma var så lugn när de talade om för henne att du försvunnit."

Senare under kvällen frågade jag Amma hur hon vetat att Jaggu varit utom fara. Hon sa, "Amma bara visste."

"Men hur?" Min nyfikenhet hade väckts.

Amma sa, "Precis som du ser din egen bild i en spegel, kunde Amma se att han var utom fara."

Jag frågade, "Såg Du att Jaggu fick hjälp eller gav Du paret inspirationen att hjälpa honom?"

Men Amma vägrade att tala mer om saken trots att jag försökte ett par gånger till.

Våld

En frågeställare: Amma, kan våld och krig någonsin användas som medel för att uppnå fred?

    Amma: Krig kan inte användas som ett medel för att uppnå fred. Det är en obestridlig sanning, som historien visat oss. Såvida inte en omvandling sker i vårt medvetande, kommer fred att förbli ouppnåelig. Bara ett andligt tänkande och levnadssätt kan skapa en sån omvandling. Därför kan vi aldrig rätta till en viss situation genom att föra krig.

    Fred och våld är motsatser. Våld är inte ett gensvar utan en stark reaktion. En reaktion utlöser fler reaktioner. Det är enkel logik. Amma har hört att det i England fanns ett underligt sätt att straffa tjuvar. Efter att ha fört den skyldige till en vägkorsning, pryglades tjuven naken framför en stor folksamling. Syftet med detta var att låta hela staden bli medvetna om det stränga straff de skulle få om de begick ett brott. Men de fick snart ändra det systemet eftersom det skapade en fantastisk möjlighet för ficktjuvar. Tjuvarna utnyttjade tillfället med att länsa fickorna på människorna som var helt uppslukade av bestraffningen. Själva straffplatsen blev en grogrund för kriminalitet.

Frågeställaren: Betyder det att det inte bör finnas några straff alls?

Amma: Nej, nej, inte alls. Eftersom en majoritet av världens befolkning inte vet hur man använder frihet på ett sätt som gynnar samhället, är det bra med en viss rädsla för att man blir straffad om man går mot lagen. Men att välja våld och krig för att skapa fred och harmoni i samhället kan inte ha någon långvarig effekt. Det beror helt enkelt på att våld skapar djupa sår och djupt sårade känslor i det kollektiva sinnet, vilket vid ett senare tillfälle kommer att uppstå som starkare våld och konflikter.

Frågeställaren: Vad är lösningen i så fall?

Amma: Gör vad du kan för att expandera ditt eget individuella medvetande. Bara ett expanderat medvetande kan ha sann förståelse. Bara såna människor kan förändra samhällets inställning. Det är därför andlighet är så viktig i dagens värld.

Okunnighet är problemet

En frågeställare: Finns det någon skillnad mellan människors problem i Indien och i västvärlden?

Amma: Från ett yttre perspektiv är människornas problem i Indien och västvärlden olika. Men det fundamentala problemet, roten av alla problem världen över är densamma. Och det är okunnighet, okunnighet om Atman (Självet), om vår grundläggande natur.

För mycket intresse för vår fysiska säkerhet och för lite intresse för vår andliga säkerhet är kännetecknet för dagens värld. Den inriktningen måste ändras. Amma säger inte att människor inte bör ta hand om sina kroppar och sin fysiska existens. Nej, det är inte så hon menar. Det grundläggande problemet är förvirringen om vad som är beständigt och vad som är förgängligt. För mycket vikt läggs vid det förgängliga, kroppen, medan det beständiga, Atman (Självet), är helt bortglömd. Den attityden måste ändras.

Frågeställaren: Ser Du möjligheter till förändring i vårt samhälle?

Amma: Möjligheter finns alltid. Den viktiga frågan är om samhället och individerna är villiga att förändras.

I ett klassrum ges alla elever samma möjlighet. Men hur mycket en elev lär sig beror på hennes mottaglighet.

I dagens värld vill alla att de andra ska förändra sig först. Det är svårt att hitta människor som uppriktigt känner att de själva måste genomgå en förändring. Istället för att tänka att de andra måste förändra sig först, bör varje individ sträva efter att förändra sig själv. Om inte en omvandling sker i den inre världen, förblir saker och ting mer eller mindre de samma i den yttre världen.

Tolkning av ödmjukhet

ill en hängiven som frågade en fråga om ödmjukhet.

Amma: Normalt när vi säger, "Den personen är så ödmjuk", betyder det helt enkelt att "Han har stöttat mitt ego och har hjälpt mig att hålla det intakt, oskadat. Jag ville att han skulle göra något för mig och han gjorde det utan några invändningar. Så han är en ödmjuk person." Det är vad det uttalandet verkligen betyder. Men så fort den så kallade ödmjuka personen öppnar sin mun och ifrågasätter något om oss, även om det är av en bra anledning, så ändrar vi vår åsikt. Nu säger vi istället, "Han är inte så ödmjuk som jag trodde." Med detta menar vi att "Han har sårat mitt ego och därför är han inte så ödmjuk."

Är vi speciella?

En journalist: Amma, tycker Du att människorna i det här landet är speciella?

Amma: För Amma är hela mänskligheten, hela skapelsen väldigt speciell därför att gudomlighet finns i alla. Amma ser också gudomligheten i människorna här. Så ni är alla speciella.

Själv-hjälp eller själv-hjälp

En frågeställare: Självhjälpsmetoder och böcker har blivit ganska populära i det västerländska samhället. Amma, skulle Du kunna tala om vad Du tycker om det?

Amma: Det beror på hur man tolkar själv-hjälp.

Frågeställaren: Var menar Du med det?

Amma: Är det Själv-hjälp eller själv-hjälp?

Frågeställaren: Vad är skillnaden?

Amma: Verklig Själv-hjälp är att hjälpa ditt hjärta att blomstra, medan själv-hjälp är att stärka egot.

Frågeställaren: Så, vad föreslår Du, Amma?

Amma: Acceptera Sanningen är vad Amma skulle säga.

Frågeställaren: Jag förstår inte.

Amma: Det är vad egot gör. Det tillåter inte att du accepterar Sanningen eller att du förstår någonting på rätt sätt.

Frågeställaren: Hur kan jag se Sanningen?

Amma: För att se Sanningen, behöver du först se det falska.

Frågeställaren: Är egot verkligen en illusion?

Amma: Om Amma säger det, skulle du acceptera det?

Frågeställaren: Hmm... om Du vill.

Amma: (Skrattar) Om Amma vill? Frågan är om *du* vill höra och acceptera Sanningen.

Frågeställaren: Ja, jag vill höra och acceptera Sanningen.

Amma: Då är Sanningen Gud.

Frågeställaren: Det betyder att egot är overkligt, eller hur?

Amma: Egot är overkligt. Egot är problemet inom dig.

Frågeställaren: Så alla bär på det problemet, vart de än går?

Amma: Ja, människorna håller på att bli mobila problem.

Frågeställaren: Så, vad är nästa steg?

Amma: Om du vill stärka egot, hjälp då dig själv att bli starkare. Men om du vill ha Själv-hjälp, sök efter Guds hjälp.

Frågeställaren: Många människor är rädda för att förlora sitt ego. De tror att egot är grunden för deras existens i världen.

Amma: Om du verkligen vill söka Guds hjälp att upptäcka ditt sanna Själv, då behöver du inte vara rädd för att förlora ditt ego, det lilla självet.

Frågeställaren: Men genom att stärka egot, får vi världsliga vinster - direkta, omedelbara upplevelser. Å andra sidan, om vi förlorar vårt ego, blir upplevelsen inte lika direkt eller omedelbar.

Amma: Det är därför tron är så viktig på vägen till det sanna Självet. För att allt ska fungera på rätt sätt och ge det rätta resultatet, måste den rätta kontakten etableras och de rätta källorna utnyttjas. När det gäller andlighet finns kontaktpunkten och källan inom oss. Tag kontakt med den punkten och då får du en direkt och omedelbar upplevelse.

Egot är bara en liten låga

A mma: Egot är en mycket liten låga som kan släckas vilket ögonblick som helst.

Frågeställaren: Hur skulle Du beskriva egot i det sammanhanget?

Amma: Allt du samlar på – namn, anseende, pengar, makt, ställning – förser bara egots lilla låga med bränsle, en låga som kan släckas vilket ögonblick som helst. Även kroppen och sinnet är en del av egot. De är tillfälliga till sin natur. Därför utgör de också en del av denna obetydliga låga.

Frågeställaren: Men Amma, de är viktiga för normala människor!

Amma: Naturligtvis är de viktiga. Men det betyder inte att de är bestående. De är triviala därför att de är tillfälliga. Du kan förlora dem vilket ögonblick som helst. Tiden kommer att rycka bort dem utan förvarning. Det är okej att använda dem och njuta av dem, men att betrakta dem som bestående är en falsk föreställning. Med andra ord, förstå att de är flyktiga och var inte alltför stolt över dem.

Att bygga din inre kontakt med det bestående och oföränderliga, med Gud eller Självet, är det viktigaste i livet. Gud är källan, det verkliga centrumet i vårt liv och vår existens. Allt annat är i periferin. Verklig Själv-hjälp sker bara när du etablerar din kontakt med Gud, den verkliga *bindu* (mittpunkten) och inte med periferin.

Frågeställaren: Amma, vinner man något på att släcka egots lilla låga? Man kanske tvärtom förlorar sin identitet som en individ.

Amma: Det är naturligtvis sant att genom att släcka egots mindre låga förlorar du din identitet som en liten begränsad individ. Men det är ändå absolut ingenting i jämförelse med vad du vinner på den skenbara förlusten – en sol av ren kunskap, det outsläckliga ljuset! Dessutom, när du förlorar din identitet som ett litet begränsat jag, blir du ett med det som är större än det största, universum, det villkorslösa Medvetandet. För att denna upplevelse ska kunna ske, behöver du en Satgurus (sann Mästares) ständiga vägledning.

Frågeställaren: Att förlora sin identitet! Är inte det en skrämmande upplevelse?

Amma: Man förlorar bara sitt lilla jag. Vårt sanna Själv kan aldrig förloras. Det verkar skrämmande eftersom du är så oerhört identifierad med ditt ego. Ju större egot är, desto räddare blir du och också mer sårbar.

Nyheter

En journalist: Amma, vad är din åsikt om nyheterna och nyhetsmedier?

Amma: Mycket bra, om de utför sitt ansvar till samhället ärligt och sanningsenligt. De utför en stor tjänst för mänskligheten.

Amma har hört en berättelse. En grupp män skickades en gång till en skog där de skulle arbeta under ett år. Två kvinnor anställdes som kokerskor för att laga deras mat. Vid slutet av året gifte sig två av arbetarna med de två kvinnorna. Nästa dag kunde man läsa i tidningen: "2 % av männen gifter sig med 100 % av kvinnorna"!

Journalisten fick sig ett gott skratt.

Amma: Att skriva så är okej om det görs på skoj, men inte som en verklig nyhet.

Chokladkyssen och
det tredje ögat

E n man slumrade till medan han försökte meditera. Amma kastade en chokladkyss[19] på honom. Amma träffar alltid mitt i prick. Chokladen hamnade mitt på punkten mellan ögonbrynen. Mannen öppnade ögonen med ett ryck. Han tog chokladen i handen och såg sig omkring för att ta reda på var den kommit ifrån. När Amma såg hur förvirrad han var brast hon i skratt. Mannen förstod då att Amma hade kastat den och hans ansikte lyste upp. Han vidrörde chokladen med pannan, som om han bugade sig för den. I nästa ögonblick skrattade han högt, reste sig upp och gick fram till Amma.

Frågeställaren: Kyssen träffade rätt punkt, mellan ögonbrynen, det andliga centret. Det kanske hjälper till att öppna mitt tredje öga.

Amma: Det gör det inte.

Frågeställaren: Varför inte?

Amma: Därför att du sa *kanske*. Det betyder att du tvivlar. Din tro är inte fullkomlig. Hur kan det hända om du inte har någon tro?

---

[19] I USA brukar Amma ge alla som kommer för darshan en liten choklad i silverpapper. De kallas för *chocolate kisses* (chokladkyssar).

Frågeställaren: Menar Du att det skulle ha hänt om min tro var fullständig?

Amma: Ja, om du har fullständig tro kan Upplysning inträffa när som helst och var som helst.

Frågeställaren: Menar Amma det?

Amma: Ja, naturligtvis.

Frågeställaren: Å Herre Gud! Förlorade jag just en fantastisk möjlighet!

Amma: Oroa dig inte. Var medveten och vaksam. Det kommer fler möjligheter. Ha tålamod och fortsätt att sträva.

Mannen såg lite besviken ut och vände sig om för att gå tillbaka till sin plats.

Amma: (Klappar honom på ryggen.) Förresten, varför skrattade du så mycket?

När han fick höra frågan började han skratta igen.

Frågeställaren: När jag slumrade till under meditationen hade jag en underbar dröm. Jag såg hur Du slängde en chokladkyss för att väcka mig. Jag vaknade plötsligt. Det tog mig ett par ögonblick innan jag upptäckta att Du verkligen hade slängt chokladkyssen!

Detta fick honom och Amma och alla de hängivna som satt runt omkring henne att börja skratta.

Upplysningens natur

En frågeställare: Är Amma särskilt orolig för något eller särskilt nöjd med något?

Amma: Den yttre Amma oroar sig för sina barns välfärd. Som en del av att hjälpa sina barn att utvecklas andligen, kanske hon ibland även känner sig nöjd med dem eller upprörd. Men den inre Amma är ostörd och obunden, och förblir i ett tillstånd av oupphörlig lycksalighet och frid. Hon påverkas inte av något som händer till det yttre, eftersom hon är fullt medveten om den större bilden.

Frågeställaren: Varandets yttersta tillstånd beskrivs genom att använda många adjektiv. Till exempel: aldrig sviktande, stadigt, orubbligt, oföränderligt och så vidare. Det låter som ett bergfast tillstånd. Snälla Amma, hjälp mig att förstå bättre.

Amma: De orden används för att förmedla ett inre tillstånd av obundenhet, förmågan att betrakta och bli ett vittne till allt – att hålla ett avstånd till livets alla omständigheter.

Men Upplysning är inte ett bergfast tillstånd där man förlorar alla inre känslor. Det är ett sinnestillstånd, ett andligt uppnående dit du kan dra dig tillbaka och absorberas i, närhelst du vill. När du får tillgång till kraftens oändliga källa, får din förmåga att känna och uttrycka allt, en speciell, utomjordisk skönhet och ett djup. Om en Upplyst person så önskar, kan hon uttrycka känslor i vilken intensitet hon önskar.

Sri Rama[20] grät när demonkungen Ravana kidnappade Sita, hans heliga gemål. Han sörjde faktiskt som en vanlig människa och frågade varenda varelse i skogen, "Har du sett min Sita? Vart tog hon vägen när hon lämnade mig ensam?"

Krishnas ögon fylldes av tårar när han återsåg sin kära vän Sudama efter en lång tid. Det finns även liknande händelser i Kristus och Buddhas liv. Dessa Mahatmas var lika vidsträckta som den gränslösa rymden och de kunde därför reflektera vilken känsla som helt. De var reflekterande, inte reagerande.

Frågeställaren: Reflekterande?

Amma: Som en spegel. En Mahatma bemöter situationer med perfekt spontanitet. Att äta när man är hungrig är en respons. Om man däremot äter varje gång man ser mat så är det en reaktion. Det är också en sjukdom. Att bemöta en viss situation genom att förbli opåverkad av situationen och att sedan gå vidare till nästa ögonblick är vad en Mahatma gör.

Att känna och uttrycka känslor och att ärligt dela dem utan någon reservation bidrar helt enkelt till den Upplysta själens prakt och härlighet. Det är fel att se det som en svaghet. Vi bör istället se det som ett uttryck av deras kärlek och medkänsla på ett mycket mänskligare sätt. Hur skulle annars vanliga människor kunna förstå deras kärlek och omtankte?

---

[20] Sri Rama är den gudomlige hjälten i eposet Srimad Ramayana. En inkarnation av Vishnu, Rama är rättfärdighetens ideal.

Betraktaren

En frågeställare: Vad hindrar oss från att uppleva Gud?

Amma: Känslan av olikhet.

Frågeställaren: Hur kan vi bli av med den känslan?

Amma: Genom att bli mer och mer medvetet närvarande, mer uppmärksam.

Frågeställaren: Medveten om vad?

Amma: Medveten om allt som händer inom oss och utanför.

Frågeställaren: Hur blir vi mer medvetet närvarande?

Amma: Medveten närvaro sker när du förstår att allt som sinnet projicerar är meningslöst.

184

Frågeställaren: Amma, skrifterna säger att sinnet är livlöst, men Du säger att sinnet projicerar. Det låter motsägelsefullt. Hur kan sinnet projicera om det är livlöst?

Amma: Precis som människor, särskilt barn, projicerar olika former på den oändliga himlen. Små barn ser upp på himlen och säger, "Där är en stridsvagn och där går ett monster. Åh! Titta på den ängelns strålande ansikte!" och så vidare. Betyder det att alla de formerna verkligen finns i himlen? Nej, det är barnen som helt enkelt föreställer sig formerna i den väldiga himlen. Det är molnen som antar olika former. Himlen, den oändliga rymden, är bara där. Alla namn och former projiceras på den.

Frågeställaren: Men om sinnet är livlöst, hur är det möjligt att det kan projicera på eller täcka över Atman (Självet)?

Amma: Det är Atman som verkligen ser, även om det verkar som om det är sinnet som ser. De samlade tendenserna, som sinnet består av, är som ett par glasögon. Varje människa har glasögon på sig i olika färger. Vi ser och bedömer världen beroende på glasögonens färg. Bakom glasögonen förblir Atman stilla, som ett vittne, som bara belyser allting med sin närvaro. Men vi förväxlar sinnet med Atman.

Säg att du har på dig ett par rosafärgade solglasögon. Då ser du att hela världen är rosafärgad, eller hur? I det fallet, vem är egentligen den seende? "Du" är den verkliga seende och glasögonen är bara livlösa, eller hur?

Man kan inte se solen om man står bakom ett träd. Betyder det att trädet har förmågan att täcka solen? Nej, det visar bara hur begränsade våra ögon och vår syn är. Det kan jämföras med känslan av att sinnet kan täcka över Atman.

Frågeställaren: Om Atman är vårt verkliga väsen, varför behöver vi anstränga oss för att veta det?

Amma: Människor har den felaktiga uppfattningen att de kan uppnå allt genom att anstränga sig. Ansträngning är faktiskt en stolthet inom oss. På vår färd mot Gud kommer all ansträngning som kommer från egot att falla sönder och resultera i ett misslyckande. Detta är faktiskt en gudomlig läxa, en lärdom om behovet av överlämnande och nåd. Det kommer så småningom att hjälpa oss att inse hur begränsad vår ansträngning är och hur begränsat egot är. Kort sagt, vår ansträngning lär oss att vi inte kan uppnå vårt mål bara genom att vi anstränger oss. Slutligen är nåden den avgörande faktorn.

Vare sig det handlar om att sträva efter Gudsförverkligande eller att uppnå världsliga begär, så är nåden den faktor som fullbordar målet.

Oskuldsfullhet är gudomlig shakti

En frågeställare: Kan en oskuldsfull person vara en svag person?

Amma: Oskuldsfull är ett kollosalt missförstått ord. Det används till och med för att hänvisa till människor som är passiva och skygga. Människor som är okunniga och analfabeter anses normalt också vara oskuldsfulla. Okunnighet är inte samma sak som oskuldsfullhet. Okunnighet är brist på verklig kärlek, urskiljningsförmåga och förståelse, medan sann oskuld är ren kärlek utrustad med urskiljningsförmåga och förståelse. Det är shakti (gudomlig energi). Även en skygg person har ett ego. En verkligt oskuldsfull person har inget ego, och därför är han eller hon den kraftfullaste människan.

Amma kan inte göra på annat vis

Amma (Till en hängiven under darshan): Vad tänker du på?

Den hängivna: Jag undrade hur Du kan sitta så länge, i timmar i streck, med ett sånt fullständigt tålamod och utstrålning.

Amma: (Skrattar) Min dotter, hur kommer det sig att du oavbrutet tänker, utan minsta uppehåll?

Den hängivna: Det bara händer. Jag kan inte göra på annat vis.

Amma: Så där har du svaret. Det bara händer. Amma kan inte göra på annat vis.

Som att känna igen sin käraste

*E*n man kom till Amma med en fråga om konceptet älskaren
och den Älskade för en sökare som följer hängivenhetens väg.

Amma: Kärlek kan inträffa var som helst och när som
helst. Det är som att upptäcka sin älskade i en folkmassa. Du
ser henne stående i ett hörn bland tusentals människor, och dina
ögon ser bara henne och ingen annan. Du känner igen henne,
kommunicerar med henne och du förälskar dig eller hur? Du
tänker inte. Tankarna upphör och plötsligt, under några ögon-
blick, befinner du dig i hjärtat. Du förblir i kärlek. På samma
sätt händer allting på ett ögonblick. Du är just där, i centret av
ditt hjärta, som är ren kärlek.

Frågeställaren: Om det är kärlekens verkliga centrum, vad är det
som distraherar oss och får oss att lämna det?

Amma: Att vilja äga – med andra ord, att vara fäst vid något.
Det förstör skönheten i den rena upplevelsen. När bindningen
en gång fått övertaget, går du vilse och kärleken blir till elände.

Känslan av olikhet

En frågeställare: Kommer jag att uppnå samadhi (Upplysning) i det här livet?

Amma: Varför inte?

Frågeställaren: I så fall, vad behöver jag göra för att påskynda processen?

Amma: Först och främst, glöm samadhi och med stark tilltro fokusera helt och hållet på din sadhana (andliga övningar). En sann sadhak (andlig sökare) tror mer på nuet än på framtiden. När vi kan lita helt på det här ögonblicket kommer all vår energi också att vara här nu. Resultatet är överlämnande, att överlämna sig till den här stunden, och då händer det.

Allting händer spontant när du distanserar dig från ditt sinne. När det händer förblir du helt i nuet. Sinnet är *den andra* inom dig. Det är sinnet som skapar känslan av olikhet.

Amma vill berätta en historia. Det var en gång en hyllad arkitekt, som hade flera elever. Han hade ett väldigt underligt förhållande till en av eleverna. Han vägrade fullfölja ett arbete utan att först få elevens bekräftelse. Om eleven sa nej till en teckning eller skiss, gav arkitekten omedelbart upp. Han tecknade skiss efter skiss tills eleven sa ja. Han var besatt av elevens åsikter. Han tog inte ett steg till om inte eleven sa, "Okej, magistern. Du kan fortsätta med den idén."

De blev en gång erbjudna att skapa en tempeldörr. Arkitekten började teckna olika skisser. Som vanligt visade han eleven varenda skiss. Men eleven sa nej till allt som arkitekten producerade. Han arbetade dag och natt och tecknade hundratals nya skisser. Men eleven tyckte inte om en enda skiss. Tiden gick och de skulle snart bli tvungna att avsluta. Arkitekten skickade då ut eleven för att fylla pennan med mer bläck. Det tog en stund innan eleven återvände och under tiden blev arkitekten helt uppslukad av att skapa en ny konstruktion. Precis när eleven kom in i rummet blev arkitekten färdig med sin nya teckning. Han visade den till eleven och frågade, "Vad tycker du om den här?"

"Ja! Det är den rätta!" sa eleven entusiastiskt.

"Nu vet jag varför", sa arkitekten. "Hittills har jag varit helt besatt av din närvaro och din åsikt och därför kunde jag aldrig vara 100 procent närvarande i vad jag höll på med. Nu när du inte var här kände jag mig fri, avslappnad och upptagen i själva ögonblicket. Det var så det gick till!"

Egentligen var det inte elevens närvaro som skapade hindret. Det var arkitektens bundenhet till elevens åsikt. När han lyckades ta avstånd från den var han plötsligt i nuet och ett genuint skapande kunde ske.

Du tänker att samadhi är något som händer i framtiden och du sitter och drömmer om det. Du slösar bort massor av shakti (gudomlig energi) medan du drömmer om samadhi. Kanalisera shaktin på rätt sätt – använd den genom att fokusera på det här ögonblicket. Då kommer meditation, eller samadhi, att inträffa plötsligt bara. Målet finns inte i framtiden. Målet finns i nuet. Att vara närvarande är sannerligen samadhi, och det är sann meditation.

Är Gud man eller kvinna?

En frågeställare: Amma, är Gud man eller kvinna?

Amma: Gud är varken han eller hon. Gud är bortom såna begränsade definieringar. Gud är inte "Den" eller "Det där." Men om du behöver definiera Gud som antingen han eller hon, då är det bättre med hon, eftersom hon innehåller han.

Frågeställaren: När männen får höra det svaret kanske de blir irriterade, eftersom det sätter kvinnorna på en högre piedestal.

Amma: Varken män eller kvinnor bör sättas på någon högre piedestal, eftersom Gud har givit dem båda en underbar plats för sig själva. Män och kvinnor är inte skapade att tävla mot varandra utan för att komplettera varandras liv.

Frågeställaren: Vad menar Du med att komplettera?

Amma: Det betyder att stötta varandra och att färdas tillsammans mot perfektion.

Frågeställaren: Amma, tror Du inte att det är många män som känner sig överlägsna kvinnor?

Amma: Vare sig det är känslan av att "jag är överlägsen" eller "jag är underlägsen" så är det egots produkt. Om män känner, "Vi är överlägsna kvinnor" så visar det bara deras överuppblåsta egon, som definitivt är en större svaghet och dessutom destruktivt. På samma sätt, om kvinnor tror att de är underlägsna männen så betyder det helt enkelt att "Vi är underlägsna nu, men vi vill bli överlägsna." Vad kan detta vara om inte egot? Bägge attityder är olämpliga och ohälsosamma och kommer att öka gapet mellan män och kvinnor.

Om vi inte överbrygger klyftan genom att visa lämplig respekt och kärlek till både män och kvinnor, kommer människans framtid bara att förmörkas.

Andlighet skapar balans

En frågeställare: Amma, när Du sa att Gud är mer hon än han då menade Du inte det yttre utseendet, eller hur?

Amma: Nej, inte det yttre utseendet. Det är frågan om det inre förverkligandet. Det finns en kvinna inom varje man och vice versa. Kvinnan inom mannen, det vill säga den sanna kärleken och medkänslan inom mannen, måste vakna. Det är betydelsen bakom Ardhanarishwara (hälften gud och hälften gudinna) i hinduism. Om den kvinnliga aspekten slumrar inom kvinnan, då är hon inte en moder och är avskild från Gud. Men om den aspekten är vaken inom en man, då är han mer en moder och närmare Gud. Detta är lika tillämpligt med den maskulina aspekten. Andlighetens hela syfte är att skapa en riktig balans mellan det maskulina och det feminina. Så medvetandets inre uppvaknande är viktigare än det yttre utseendet.

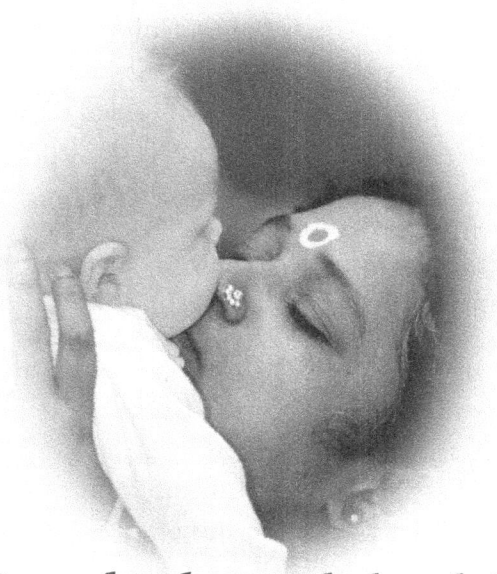

Bundenhet och kärlek

E n medelålders man förklarade för Amma hur ledsen han
kände sig efter sin skilsmässa.

Frågeställaren: Amma, jag älskade henne så mycket och
gjorde allt jag kunde för att göra henne lycklig. Trots detta, har
den här tragedin hänt i mitt liv. Ibland känner jag mig helt för-
tvivlad. Snälla, hjälp mig. Vad är det meningen att jag ska göra?
Hur kan jag komma över den här smärtan?

Amma: Min son, Amma förstår din smärta och ditt lidande.
Det är svårt att komma över såna känslomässigt deprimerande
situationer. Men det är också viktigt att verkligen förstå vad du
upplever, särskilt eftersom det blivit en stötesten i ditt liv.

Det viktigaste för dig att fundera på är om din smärta kommer från verklig kärlek eller från bundenhet. I verklig kärlek finns ingen självdestruktiv smärta eftersom du bara älskar henne – du äger henne inte. Du är antagligen för bunden till henne eller ville äga henne. Det är därifrån sorgen och de depressiva tankarna kommer.

Frågeställaren: Har Du en enkel metod eller teknik, som jag kan använda för att komma över den här självdestruktiva smärtan?

Amma: "Är jag verkligen kär eller är jag för bunden?" Fråga dig själv den frågan så djupt du kan. Begrunda den. Då inser du snart att den kärlek vi känner egentligen är bundenhet. De flesta människor har ett begär efter bundenhet, inte verklig kärlek. Så Amma skulle säga att det är en illusion. På sätt och vis bedrar vi oss själva. Vi förväxlar bundenhet med kärlek. Kärleken är centrum och bundenheten är i periferin. Var i centrum och frigör dig själv från periferin. Då kommer smärtan att försvinna.

Frågeställaren: (I ett bekännande tonläge) Du har rätt. Jag inser att min dominerande känsla för min hustru är bundenhet och inte kärlek, precis som Du har förklarat.

Amma: Om du har förstått var roten till din smärta ligger, släpp då taget och var fri. Sjukdomen har fastställts, den infekterade delen har hittats – ta nu bort den! Varför vill du bära på den här onödiga bördan? Släng bort den bara!

Hur man övervinner livets faror

En frågeställare: Amma, hur kan jag känna igen livets hotfulla faror?

Amma: Genom att öka din urskiljningsförmåga.

Frågeställaren: Är urskiljning samma sak som det subtila sinnet?

Amma: Det är sinnets förmåga att vara vaksam i nuet.

Frågeställaren: Men Amma, hur kan det varna mig om framtida hot?

Amma: Om du är vaksam i nuet, kommer du att möta färre faror i framtiden.

Frågeställaren: Hjälper *jyotish* (vedisk astrologi) oss att förstå framtiden bättre, så att vi kan undvika möjliga faror?

Amma: Även experter på det området går igenom svåra perioder i livet. Det finns astrologer som har mycket liten urskiljningsförmåga och intuition. Såna människor utsätter sina egna såväl som andras liv i fara. Det är inte kunskap om astrologi eller att få vårt horoskop tolkat som hjälper oss att undvika livets faror. Det som verkligen hjälper oss att känna mer frid och att ha mindre problem är att vi har en djupare förståelse för livet och att vi närmar oss olika situationer med urskiljning.

Frågeställaren: Är urskiljning och förståelse samma sak?

Amma: Ja, de är samma sak. Ju mer urskiljning du har, desto mer förstår du och vice versa.

Ju större förmåga du har att vara i nuet, desto vaksammare bli du och desto mer kommer att uppenbaras för dig. Du får mer budskap från det Gudomliga. Varje ögonblick för med sig såna budskap till dig. Du kan känna dem om du är öppen och mottaglig.

Frågeställaren: Amma, menar Du att de här budskapen hjälper oss att bli medvetna om eventuella faror i framtiden?

Amma: Ja, budskapen ger dig antydningar och signaler.

Frågeställaren: Vad för slags antydningar och signaler?

Amma: Hur vet du att du kommer att få migrän? Du känner dig mycket underlig och börjar se svarta cirklar framför ögonen, eller hur? När symtomen väl har visats sig då tar du den rätta medicinen och det kommer att hjälpa dig. På samma sätt, innan misslyckanden och faror sker i livet så får man vissa signaler. Människor brukar missa dem. Men om du har ett klarare och mer mottagligt sinne, kan du känna signalerna och vidta de nödvändiga åtgärder som behövs för att övervinna dem.

Amma har hört följande berättelse. En journalist intervjuade en framgångsrik affärsman. Journalisten frågade, "Vad är hemligheten bakom din framgång?"

Affärsmannen: "Två ord."

Journalisten: "Vilka ord?"

Affärsmannen: "Rätt beslut."

Journalisten: "Hur fattar du rätt beslut?"

Affärsmannen: "Ett ord."

Journalisten: "Vilket ord?"

Affärsmannen: "Erfarenhet."

Journalisten: Hur får du en den erfarenheten?"

Affärsmannen: "Två ord."

Journalisten: "Vilka ord?"

Affärsmannen: "Fel beslut."

Så, du ser, min son - det beror på hur du accepterar, förstår och överlämnar dig till situationerna.

Amma ska berätta en annan historia. Efter att ha blivit inbjudna av Yudhishthira, besökte Kaurava-bröderna Indraprastha, Pandava-brödernas kungliga huvudstad[21]. Platsen var så skickligt byggd att vissa ställen såg ut som vackra sjöar fast de i verkligheten var vanliga golv. Där fanns andra ställen som såg ut som vanliga golv men i verkligheten var vattenfyllda dammar. Hela omgivningen kändes surrealistisk. När de 100 Kaurava-bröderna,

---

[21] Mahabharata är ett epos som handlar om konflikten mellan de två släktena, Pandavas och Kauravas, och det stora kriget på Kurukshetra. Yudhistira var den äldste av de fem Pandava-bröderna. Han var kung av Indraprastha och senare av Hastinapura (Kuru). Han var känd för sin rättfärdighet och ödmjukhet. Den orättfärdige Duryodhana var den äldste av de 100 Kaurava-bröderna. Berättelsen innehåller också mycket undervisning om moral, gudshängivenhet och andlig filosofi. Bhagavad Gita är en sån predikan.

ledda av den äldsta brodern, Duryodhana, gick genom den vackra trädgården tog de nästan av sig kläderna för att ta sig ett dopp, eftersom de trodde att de hade en damm framför sig. Men det var bara ett vanligt golv som såg ut som en vattendamm. Ändå ramlade alla bröderna inklusive Duryodhana i den verkliga dammen, som såg ut som ett vanligt golv! De blev helt genomblöta. De fem Pandava-brödernas hustru, Draupadi, föll i skratt när hon såg den komiska scenen framför sig, vilket fick Duryodhana och hans bröder att känna sig djupt förolämpade.

Det var en av de viktigaste händelserna som utlöste en hel del ilska och hämndlystenhet hos Kaurava-bröderna, vilket senare ledde till Mahabharata kriget och en enorm förstörelse.

Den berättelsen är mycket betydelsefull. Vi möter många situationer i verkliga livet också, som verkar vara mycket farliga och då vidtar vi flera förebyggande åtgärder. Men så småningom kanske det visar sig att situationerna var helt ofarliga. Andra situationer som verkar vara säkra kan så småningom visa sig vara mycket riskabla. Ingenting är betydelselöst. Det är därför det är så viktigt att vi har en skärpt urskiljningsförmåga, uppmärksamhet och medvetenhet när vi möter de olika erfarenheter livet för med sig.

Hamstra inte Guds rikedom

E n frågeställare: Är det syndigt att samla och äga?

Amma: Det är inte syndigt så länge du visar medkänsla. Med andra ord, du måste vara villig att dela med dig till de fattiga och behövande.

Frågeställaren: Annars?

Amma: Annars är det en synd.

Frågeställaren: Varför det?

Amma: Därför att allt som finns tillhör Gud. Vårt ägande är tillfälligt. Det kommer och går.

Frågeställaren: Men vill inte Gud att vi använder allt som han har skapat för oss?

Amma: Naturligtvis, men Gud vill inte att vi missbrukar dessa saker. Gud vill att vi ska använda vår urskiljningsförmåga medan vi njuter av allt som han har skapat.

Frågeställaren: Vad är urskiljning?

Amma: Urskiljning betyder att vi tillämpar vår kunskap på ett sånt sätt att den inte vilseleder oss. Med andra ord, att vi använder vår kunskap till att skilja mellan dharma och adharma (rättfärdighet och orättfärdighet), det varaktiga och det tillfälliga.

Frågeställaren: Hur hanterar vi då föremålen i världen med urskiljning?

Amma: Ge upp din äganderätt. Ha den attityden att allt tillhör Gud och njut av det. Den här världen är ett tillfälligt uppehåll. Du är här under en kort period, som besökare. På grund av din okunskap delar du upp allt, varje tum av mark, som mitt eller ditt. Den del land du hävdar är ditt har tillhört många andra i det förflutna. De förra ägarna är begravda. Idag kanske det är din tur att spela ägarens roll. Men kom ihåg att du en dag också kommer att försvinna. Då kommer en annan person och tar din plats. Så, finns det någon mening med att hävda äganderätt?

Frågeställaren: Vilken roll är det meningen att jag ska spela här?

Amma: Var Guds tjänare. Gud, Givaren av allt, vill att du ska dela din rikedom med alla. Om det är Guds vilja, vem är du som vill hålla det för dig själv? Om du går emot Guds vilja och vägrar att dela med dig, då betyder det att du hamstrar, vilket är samma sak som att stjäla. Ha bara den inställningen att du är en besökare här i världen.

En man besökte en gång en Mahatma. När han såg att det inte fanns några möbler eller prydnadssaker i huset, frågade han Mahatman, "Underligt! Varför finns det inga möbler här?"

"Vem är du", frågade Mahatman.

"Jag är en besökare", svarade mannen.

"Det är jag också", sa Mahatman. "Så varför skulle jag vara dum nog att gå omkring och samla på saker?"

Amma och naturen

En frågeställare: Amma, vad är ditt förhållande till naturen?

Amma: Ammas kontakt med naturen är inte ett förhållande; det är en total Enhet. Den som älskar Gud älskar också naturen, därför att Gud och naturen är inte två. När du uppnått Upplysningens tillstånd har du kontakt med hela universum. I Ammas förhållande till naturen finns ingen älskare eller älskad – bara kärleken finns. Det är inte två utan bara en. Det finns bara kärlek.

Förhållanden brukar normalt sakna verklig kärlek. I den vanliga kärlekens förhållanden finns det två, eller man skulle kunna säga att det finns tre – älskaren, den älskade och kärleken. Men i den verkliga kärleken försvinner älskaren och den älskade, och det som återstår är en oupphörlig upplevelse av ren, villkorslös kärlek.

Frågeställaren: Vad betyder naturen för människorna?

Amma: Naturen betyder liv för människorna. Naturen är en väsentlig del av vår existens. Det är en ömsesidig relation som pågår i varje ögonblick och på varje nivå. Vi är inte bara helt beroende av naturen, utan vi påverkar henne och hon påverkar oss. Och när vi verkligen älskar naturen så svarar hon på alla sätt och öppnar upp sina oändliga resurser för oss. Och precis som när vi verkligen älskar en annan människa, måste vi i vår kärlek till naturen vara oändligt trogna, tålmodiga och visa medkänsla.

Frågeställaren: Är det förhållandet ett utbyte eller ett ömsesidigt stöd?

Amma: Det är båda och även mer. Men naturen kommer fortsätta att existera även utan människan. Hon kan ta hand om sig själv. Människan däremot behöver naturens stöd för att kunna existera.

Frågeställaren: Vad händer om utbytet mellan naturen och människan blir fullkomligt.

Amma: Då slutar naturen att gömma saker från oss. Hon kommer att öppna sin oändliga skatt av naturlig rikedom och tillåta oss att njuta av den. Hon kommer att skydda oss, vårda och nära oss, som en moder.

I ett perfekt förhållande mellan människan och naturen, skapas ett cirkulärt energifält i vilket båda börjar flöda in i varandra. För att uttrycka det på ett annat sätt, när vi människor förälskar oss i naturen, då förälskar naturen sig i oss.

Frågeställaren: Vad är det som gör att människor behandlar naturen så grymt? Är det själviskhet eller brist på förståelse?

Amma: Det är båda. Det är bristen på förståelse som manifesteras som egoistiska handlingar. Det är i grund och botten okunnighet. På grund av sin okunnighet tror människor att naturen bara är en plats från vilken de bara kan fortsätta att ta utan att ge. De flesta människor vet bara hur man utnyttjar. På grund av sin totala egoism är de oförmögna att bry sig om sina medvarelser. I dagens värld är vårt förhållande till naturen inget annat än en förlängning av den egoism vi känner inom oss.

Frågeställaren: Amma, vad menar Du med att bry sig om sina medvarelser?

Amma: Amma menar att vi ska tänka på andra med medkänsla. För att kunna vara hänsynsfulla mot andra, mot naturen eller våra medmänniskor är den viktigaste egenskapen vi behöver en djup inre kontakt, en kontakt med vårt eget samvete. Samvetet i ordets rätta bemärkelse är förmågan att kunna se andra som sig själv. Precis som du ser din egen bild i en spegel, så ser du andra som varande dig själv. Du återspeglar andra, deras känslor, både glädje och sorg. Vi måste utveckla den förmågan i vårt förhållande till naturen.

Frågeställaren: De ursprungliga invånarna i det här landet var den amerikanska ursprungsbefolkningen. De dyrkade naturen och hade en djup kontakt med den. Tycker Du att vi ska göra på samma sätt?

Amma: Vad var och en ska göra beror på deras mentala läggning. Men naturen är en del av livet, en del av helheten. Naturen är sannerligen Gud. Att dyrka naturen är detsamma som att dyrka Gud.

Genom att dyrka Govardhanaberget[22], lärde Herren Krishna oss en stor lärdom: att låta dyrkan av naturen bli en del av vårt dagliga liv. Han bad sitt folk att dyrka Govardhanaberget därför att det beskyddade dem. På samma sätt utförde Herren Rama svår botgöring under tre dagar för att behaga havet innan han byggde bron över havet[23]. Även Mahatmas visar naturen så mycket respekt och hänsyn och söker naturens välsignelse innan de påbörjar någon ny handling. I Indien finns det tempel som är tillägnade fåglar, djur, träd och även ödlor och giftormar. Det är för att understryka den stora betydelsen av förhållandet mellan människan och naturen.

Frågeställaren: Amma, vad är ditt råd till oss för att vi ska kunna återupprätta förhållandet mellan människan och naturen?

Amma: Låt oss vara hänsynsfulla och visa medkänsla. Låt oss ta från naturen bara det som vi verkligen behöver och sedan försöka ge det tillbaka i viss mån. Därför att, bara genom att ge kan vi få. En välsignelse är något som kommer tillbaka till oss som svar på det sätt vi närmar oss något. Om vi närmar oss naturen med kärlek och betraktar henne som livet, som Gud, som en del av vår egen existens, då kommer hon att tjäna oss som vår bästa vän, en vän som vi alltid kan lita på, en vän som aldrig skulle svika oss. Men om vi har fel attityd mot naturen, då svarar inte naturen med en välsignelse utan resultatet blir en negativ reaktion. Om vi inte är

---

[22] Govardhana är en helig bergkulle nära Vrindavan där Sri Krishna växte upp. När guden Indra blev arg på folket för att de lyssnat till Krishnas råd och inte utförde ritualer i Indras ära, skapade han en fruktansvärd regnstorm för att översvämma hela byn. Barnet Krishna räddade folket och deras nötkreatur genom att lyfta Govardana på sitt lillfinger och hålla upp det under sju dagar som ett jättelikt paraply över byn.
[23] Bron byggdes mellan Indien och Sri Lanka.

försiktiga i vårt förhållande med naturen, kommer hon att vända sig emot mänskligheten och konsekvenserna blir katastrofala. Många av Guds underbara skapelser har redan gått förlorade på grund av människans dåliga uppförande och totala likgiltighet för naturen. Om vi fortsätter på det viset kommer det bara att bana vägen för en katastrof.

Sannyas, höjdpunkten i människans existens

En frågeställare: Vad är sannyas?

Amma: Sannyas är höjdpunkten i människans existens. Det är fullbordandet av människans liv på jorden.

Frågeställaren: Är sannyas ett sinnestillstånd eller är det något annat?

Amma: Sannyas är både ett sinnestillstånd och ett tillstånd av "icke-sinne."

Frågeställaren: Amma, kan du förklara det tillståndet eller vad det nu är?

Amma: När till och med värdsliga upplevelser är svåra att förklara, hur kan man då förklara sannyas, den högsta formen av upplevelse? Det är ett tillstånd i vilket man har en fullständig inre valfrihet.

Frågeställaren: Amma, jag vet att jag frågar för många frågor, men vad menar Du med en fullständig inre valfrihet?

Amma: Människor är sina tankars slavar. Sinnet är inget annat än ett ständigt flöde av tankar. Det tryck som skapas av tankarna gör att du blir ett hjälplöst offer för yttre situationer. Det finns otaliga tankar och känslor, både subtila och grova, inom en person. Eftersom de flesta människor är oförmögna att titta noga och urskilja mellan de positiva och negativa, de produktiva och destruktiva tankarna, faller de offer för skadliga impulser och identifierar sig med negativa känslor. I det yttersta tillståndet av sannyas, kan man välja mellan att identifiera sig med varje känsla eller tanke eller att förbli obunden. Du har valet att antingen sammarbeta eller inte sammarbeta med varje tanke, känsla och given situation. Även om du väljer att identifiera dig, så har du möjligheten att dra dig tillbaka och gå vidare precis när du vill. Det är sannerligen en fullständig frihet.

Frågeställaren: Vad är innebörden av sannyasins ockrafärgade kläder?

Amma: Den markerar de inre färdigheterna eller det mål du önskar nå. Det betyder också att du inte längre är intresserad av världsliga framgångar – en öppen deklaration att du tillägnar ditt liv till Gud och förverkligandet av Självet. Det betyder att din kropp och ditt sinne har förbrukats i elden av *vairagya* (obundenhet) och att du inte längre tillhör något särskilt land, kast, trosbekännelse, sekt eller religion. Så sannyas handlar inte bara om att ha på sig färgade klädnader.

Klädseln är bara en symbol, som visar ett tillstånd av varande, det transcendentala tillståndet. Sannyas är en inre förändring av din inställning till livet och hur du uppfattar det. Du blir totalt fri från egot. Nu tillhör du inte längre dig själv utan du tillhör hela världen och ditt liv har blivit en offergåva till service för mänskligheten. I det tillståndet förväntar du dig aldrig något från någon. Inte heller begär du någonsin något av någon. I det sanna sannyastillståndet är du mer en närvaro än en personlighet.

Under ceremonin när lärjungen tar emot sannyas från Mästaren, klipper lärjungen av den lilla hårtofs han eller hon haft på baksidan av huvudet. Därefter offras både hårtofsen och den heliga tråden[24] i offerelden. Detta symboliserar att lärjungen ger upp alla band till kropp, sinne och intellekt och ger upp all njutning i den här världen och den efterkommande.

Det är meningen att sannyasins antingen ska låta sitt hår växa långt eller raka av det. För länge sen lät sannyasierna håret växa i hoptovade lockar, vilket visar obundenheten till kroppen. Du är inte längre intresserad av att försköna kroppen eftersom den verkliga skönheten finns i att känna Atman. Kroppen förändras och förgås. Vad tjänar det till att bli fäst vid den i onödan när ditt sanna väsen är det oföränderliga, odödliga Självet?

Att fästa sig vid det flyktiga är orsaken till all sorg och lidande. En sannyasi är en som har insett denna stora sanning – den yttre världens flyktiga natur och medvetandets bestående natur, som skänker allt skönhet och charm.

Verklig sannyas är inte något som kan ges, utan det är snarare en insikt.

Frågeställaren: Betyder det att det är något som man uppnår?

Amma: Du frågar samma fråga igen. Sannyas är kulmen av alla förberedelser, vilket är känt som sadhana (andliga övningar). Du förstår, vi kan bara uppnå något som inte är vårt, något som inte är en del av oss. Sannyastillståndet är själva kärnan i vår existens, det som vi verkligen är. Tills dess att du inser det, kan du kalla det för att uppnå, men när den verkliga kunskapen gryr kommer du förstå att det är ditt sanna jag och att du aldrig har

---

[24] *Yajnopavitam*, den heliga tråden, består av tre trådar som bärs på kroppen och representerar de plikter man har mot familjen, samhället och Gurun.

varit borta från det, att du aldrig skulle kunna vara borta från ditt sanna jag.

Förmågan att veta vad vi verkligen är finns inom alla. Vi befinner oss i ett tillstånd av glömska. Någon måste påminna oss om den oändliga kraften inom oss.

Till exempel, en person tjänar sitt levebröd genom att tigga på gatorna. En dag går en främling fram till honom och säger, "Hej, vad gör du här? Du är varken en tiggare eller en vagabond. Du är mångmiljonär!"

Tiggaren tror inte på främlingen. Han går därifrån och låtsas inte om honom. Men främlingen följer efter tiggaren och fortsätter kärleksfullt att insistera, "Lita på mig. Jag är din vän och jag vill hjälpa dig. Vad jag säger till dig är sant. Du är verkligen en rik man och skatten du äger är faktiskt alldeles nära dig."

Nu är tiggarens nyfikenhet väckt, så han frågar, "Alldeles nära mig? Var då?"

"Inne i skjulet där du bor", svarar främlingen. "Du behöver bara gräva lite så blir den din för alltid."

Nu slösar inte tiggaren bort en sekund. Han går omedelbart hem och gräver efter skatten.

Främlingen representerar den sanna Mästaren, som ger oss rätt information och övertygar, övertalar och inspirerar oss till att gräva fram den ovärderliga skatten som ligger dold inom oss. Vi är i ett tillstånd av glömska. Gurun hjälper dig att veta vem du verkligen är.

Det finns bara en dharma

En frågeställare: Finns det flera dharma?

Amma: Nej, det finns bara en dharma.

Frågeställaren: Men folk pratar om olika dharma.

Amma: Det beror på att de inte ser den enda verkligheten. De ser bara de många, de olika namnen och formerna.

Men, beroende på var och ens vasanas (tendenser) så finns det så att säga mer än en dharma? Till exempel, en musiker kan säga att musik är hans eller hennes dharma. Och det är okej. Men man kan inte finna fullständig fullkomlighet i någon av dem. Verklig dharma är det som ger total tillfredställelse och förnöjsamhet. Vad man än gör, om man inte är nöjd med sig själv, kommer man inte att få frid och man kommer fortsätta att känna att det är något som saknas. Ingenting, inga världsliga prestationer, kan fylla det tomrummet i en människas liv. Var och en måste hitta sitt centrum inom sig för att känslan av tillfredställelse ska kunna gry. Detta är den verkliga dharman. Tills dess kommer du att gå runt, runt i cirklar och söka efter frid och lycka.

Frågeställaren: Om man ofelbart följer dharma, kommer det att ge en både materiellt välstånd och andlig utveckling?

Amma: Ja, om man följer dharma i dess sannaste bemärkelse, kommer det definitivt att hjälpa en att få båda.

Demonkungen Ravana hade två bröder, Kumbhakarna och Vibhishana. När Ravana kidnappade Sita, Ramas heliga gemål, varnade de två bröderna Ravana upprepade gånger om de katastrofala följderna som det skulle medföra och de rådde honom att återföra Sita till Rama. Han ignorerade fullständigt deras vädjan och förklarade så småningom krig mot Rama. Fast Kumbhakarna var medveten om sin äldre brors orättfärdiga attityd, gav han slutligen efter för Ravana därför att han var så fäst vid honom och för kärleken till den demoniska rasen.

Vibhishana däremot var en mycket from och hängiven själ. Han kunde inte acceptera sin brors adharmiska (orättfärdiga) sätt och fortsatte att uttrycka sin oro, för att försöka ändra Ravanas attityd. Men Ravana vägrade att acceptera, tänka på eller lyssna på hans åsikter. Slutligen blev den extremt egoistiska Ravana så rasande på sin yngste bror att han landsförvisade honom för hans envishet. Vibhishana tog sin tillflykt vid Ramas fötter. I kriget som följde dödades Ravana och Kumbhakarna och Sita återfanns. Innan Rama återvände till sin hemstad, Ayodhya, krönte han Vibhishana till Lankas konung.

Av de tre bröderna var Vibhishana den ende som kunde skapa en balans mellan sin värdsliga dharma och andliga dharma. Hur kunde han göra det? Det var resultatet av den andliga inställning han hade även när han utförde sina världsliga plikter, och inte tvärtom. Det sättet att utföra sina världsliga plikter, kommer att föra oss till den yttersta fullkomlighetens tillstånd. Ravana och Kumbhakara däremot hade en världslig inställning även när de utförde sin andliga dharma.

Vibhishana hade en osjälvisk attityd. Han bad inte Rama att göra honom till kung. Han ville bara vara fast rotad i dharma. Men hans orubbliga löfte och beslutsamhet gav honom alla välsignelser. Han uppnådde både materiellt och andligt välstånd.

Frågeställaren: Amma, det var underbart! Men verkliga andliga sökare längtar inte efter materiellt välstånd, eller hur?

Amma: Nej, en genuin andlig sökares enda *dharma* är Upplysning. Ingenting annat än den upplevelsen kan tillfredsställa honom eller henne. Allt annat är oväsentligt för en sån person.

Frågeställaren: Amma, jag har en fråga till. Tror Du att det finns en Ravana och en Kumbhakarna i världen idag? Blir det i så fall lätt för Vibhashana att överleva i samhället?

Amma: (Skrattar) Det finns en Ravana och en Kumbhakarna i alla. Skillnaden ligger endast i grad. Det finns naturligtvis människor med lika extremt demoniska egenskaper som Ravana och Kumbhakarna. Det är faktiskt så att all den kaos och de konflikter vi ser i dagens värld inte är något annat än summan av såna sinnen. Men de sanna Vibhishanas kommer att överleva eftersom de tar sin tillflykt i Rama, eller Gud, som kommer att skydda dem.

Frågeställaren: Jag sa att det var min sista fråga, men jag har faktiskt en till, om Amma tillåter det.

Amma: Okej, fråga.

Frågeställaren: Vad tycker Du, personligen, om nutidens Ravanas?

Amma: De är också Ammas barn.

Samarbete som dharma

Amma: "I denna kali yuga (materialismens mörka tids-ålder) är den allmänna tendensen hos människor över hela världen att ta sig bort från varandra. De lever som isolerade öar utan någon inre kontakt. Det är farligt och kommer bara att förtäta mörkret omkring oss. Vare sig det gäller mellan människor eller mellan människor och naturen så är det kärleken som skapar bron, kontakten. Samarbete – det är styrkan i dagens värld. Och därför måste vi se det som en av de viktigaste dharma (plikter) under den här perioden."

Gudshängivenhet och medvetenhet

En frågeställare: Finns det något samband mellan gudshängivenhet och medvetenhet?

Amma: Ren gudshängivenhet är ovillkorlig kärlek. Ovillkorlig kärlek är överlämnande. Fullständigt självöverlämnande betyder att man är helt öppen eller expansiv. Den öppenheten eller expansionen är medvetenhet. Det är sannerligen Gudomlighet.

Gurun hjälper lärjungens stängda hjärta att öppna sig

En frågeställare: Amma, Du säger till dina hängivna och lärjungar att en personlig Guru är helt nödvändig för att uppnå Gud. Men Du ansåg att hela skapelsen var din Guru. Tror Du inte att andra också har den valmöjligheten?

Amma: Naturligtvis har de det. Men på den andliga vägen fungerar valmöjligheter oftast inte.

Frågeställaren: I ditt fall fungerade det, eller hur?

Amma: I Ammas fall var det inte frågan om ett val. Det kom helt enkelt spontant.

Hör på, min son. Amma tvingar inte någon till något. För dem som har en sån orubblig tro att de ser varenda situation, både negativ och positiv, som ett budskap från Gud, är en yttre Guru inte nödvändig. Men hur många människor har en sån beslutsamhet och styrka?

Vägen till Gud är inte något som kan tvingas på någon. Det fungerar inte så. Tvärtom, att försöka tvinga någon kan till och med förstöra hela processen. På den här vägen måste Gurun ha ett oerhört tålamod med lärjungen. Precis som en blomknopp öppnar upp och blir en vacker doftande blomma, hjälper Gurun lärjungens stängda hjärta att öppna sig helt.

Lärjungarna är okunniga och Gurun är helt medveten. Lärjungen har ingen aning om Gurun eller från vilken nivå han eller hon fungerar. På grund av lärjungarnas okunnighet kan de ibland bli extremt otåliga. Eftersom de gärna är dömande kan de till och med hitta fel hos Gurun. Under såna omständigheter kan bara den perfekta Mästarens ovillkorliga kärlek och medkänsla verkligen hjälpa lärjungen.

Meningen med tacksamhet

En frågeställare: Vad betyder det att man är tacksam mot Mästaren eller Gud?

Amma: Det är en ödmjuk, öppen och andäktig attityd som hjälper dig att ta emot Guds nåd. En sann Mästare har inget att vinna eller förlora. Om du är tacksam eller ej berör inte Mästaren, som är fast grundad i det högsta tillståndet av obundenhet. Men en tacksam attityd hjälper *dig* att vara mottaglig för Guds nåd. Tacksamhet är en inre attityd. Var tacksam mot Gud därför att det är det bästa sättet att komma ut ur den trånga värld som skapats av kropp och sinne, och komma in i den expansiva inre världen.

Kraften bakom kroppen

En frågeställare: Är alla själar olika? Har varje själ en individuell existens?

Amma: Är elektricitet olika även om den manifesteras på olika sätt, genom fläktar, kylskåp, televisioner och andra apparater?

Frågeställaren: Nej, men har själarna en separat existens efter döden?

Amma: De kommer att ha en till synes separat existens, beroende på deras karma (effekten av tidigare ackumulerade handlingar) och de sammantagna vasanas (tendenser).

Frågeställaren: Känner våra individuella själar begär även i det tillståndet?

Amma: Ja, men de kan inte uppfylla dem. Precis som någon som är helt förlamad inte kan stiga upp och ta saker när han vill, kan såna själar inte tillfredsställa sina begär eftersom de inte har en kropp.

Frågeställaren: Hur länge befinner de sig i det tillståndet?

Amma: Det beror på intensiteten i deras *prarabdha karma* (den nuvarande manifestationen av frukten av tidigare handlingar).

Frågeställaren: Vad händer när den är förbrukad?

Amma: Då föds man igen och cykeln fortsätter tills man inser vem man verkligen är.

På grund av att vi identifierar oss med kroppen och sinnet, tänker vi, "Jag är den som gör, jag är den som tänker" och så vidare. I verkligheten kan varken kroppen eller sinnet fungera utan Atmans (Självets) närvaro. Kan en maskin fungera utan elektricitet? Är det inte kraften i elektriciteten som får maskinerna att gå? Utan den kraften är till och med en gigantisk maskin inget annat än en hög av järn och stål. På samma sätt, oavsett vad eller vilka vi är, så är det Atmans närvaro som hjälper oss att göra allt. Utan den är vi bara död materia. Att glömma Atman och bara bli dyrkare av kroppen är som att ignorera elektriciteten och förälska sig i en del av en utrustning.

Två avgörande upplevelser

En frågeställare: Kan perfekta Mästare välja tiderna och omständigheterna kring sin födelse och död?

Amma: Endast en perfekt varelse har fullständig kontroll över såna situationer. Alla andra är helt hjälplösa under dessa två avgörande upplevelser. Ingen kommer att fråga dig var du vill födas eller vem eller vad du vill bli. På samma sätt, kommer du inte att få ett meddelande som frågar dig om du är redo att dö.

Både personen som ständigt har klagat på sin lilla etta och personen som njuter av lyxen på sin herrgård kommer att förbli tysta och bekväma i kistans lilla utrymme när *Atmans* (Självets) närvaro inte längre är där. En person som inte kunde leva en enda sekund utan luftkonditionering kommer inte at ha det minsta problem när hans eller hennes kropp konsumeras på bålet. Varför? Därför att nu är kroppen inget annat än ett orörligt objekt.

Frågeställaren: Döden är en skrämmande upplevelse, eller hur?

Amma: Den är skrämmande för dem som lever sina liv helt identifierade med egot, utan att tänka på verkligheten bortom kroppen och sinnet.

Att bry sig om andra

En hängiven ville ha en okomplicerad, lättförstådd, kort förklaring om andlighet.

Amma sa, "Andlighet är att med kärlek och medkänsla ta hänsyn till andra."

"Fantastiskt!" sa mannen och reste sig upp för att gå. Amma tog plötsligt tag i hans hand och sa, "Sätt dig."

Mannen gjorde som Amma sa. Medan Amma med ena armen omfamnade en person som fick darshan, lutade hon sig mot honom och frågade mjukt, "Historia?"

Mannen såg lite förvirrad ut. "Amma, vill Du att jag ska berätta en historia?"

Amma skrattade och svarade, "Nej, men vill du höra en historia?"

Mannen svarade ivrigt, "Jag vill definitivt höra din historia. Jag är så välsignad!"

Så Amma började berätta.

"En man låg och sov med munnen vidöppen när en fluga flög in i munnen på honom. Efter det kunde mannen ständigt känna hur flugan flög omkring i honom. Allt eftersom hans fantasi om flugan växte, blev den stackars mannen mer och mer orolig. Snart hade hans oro förvandlats till depression och ett intensivt lidande. Han kunde varken äta eller sova. Det fanns ingen glädje i livet. Han tänkte ständigt på flugan. Man kunde se hur han ständigt jagade flugan från en del av kroppen till en annan.

"Han gick till olika läkare, psykologer, psykiatriker och en mängd andra för att få hjälp med att bli av med flugan. De sa alla, 'Det är inget fel på dig. Det finns ingen fluga i dig. Och även om en fluga kommit in så skulle den ha dött för länge sedan. Så oroa dig inte längre. Du är okej'.

"Men mannen trodde inte på dem och fortsatte att lida. En dag kom en vän och förde honom till en Mahatma. Mahatman lyssnade uppmärksamt när han berättade om flugan och sedan undersökte han mannen. Han sa, 'Du har rätt! Det finns faktiskt en fluga i dig! Jag ser hur den flyger omkring!'

"Mahatman såg in i mannens vidöppna mun och sa, 'Gode Gud! Titta! Den har vuxit ordentligt under de senaste månaderna!'

"Så fort Mahatman yttrat de orden, vände sig mannen till sin vän och sin hustru och sa, 'Där ser ni! De där dumbommarna visste ingenting! Den här karlen förstår mig. Han hittade flugan på nolltid!'

"Mahatman sa, 'Ligg alldeles stilla. Minsta rörelse kan störa hela processen'.

"Han täckte sedan mannen från topp till tå med en tjock filt och sa, 'Det här kommer att påskynda processen. Jag vill göra hela kroppen och insidan av kroppen mörk, så att flugan inte kan se något. Så håll ögonen stängda!'

"Vid det här laget trodde mannen så starkt på Mahatman att han var villig till hundra procent att göra precis vad Mahatman sa.

"'Slappna av nu och ligg still', sa Mahatman. Han gick in i ett annat rum med avsikten att fånga en levande fluga. Han lyckades så småningom att fånga en och återvände med flugan i en flaska.

"Han rörde varsamt händerna över mannens kropp. Och medan han gjorde det, gav han mannen en löpande kommentar om flugans rörelser. Han sa, 'Okej, rör dig inte nu. Flugan sitter på din mage.... Innan jag hann göra något flög den upp och satte sig på toppen av lungorna. Jag fångade den nästan.... O nej! Den kom undan igen! ... Oj då, han är snabb!... Nu sitter han på magen igen.... Okej, nu ska jag recitera ett mantra, vilket kommer att förlama flugan'.

"Han låtsades att han fångade flugan och fick bort den från mannens mage. Därefter bad Mahatman mannen att öppna ögonen och ta av filten. När han gjort det, visade Mahatman honom flugan som han fångat tidigare och stoppat i flaskan.

"Mannen blev överlycklig. Han började dansa. Han sa till sin hustru, 'Jag har sagt till dig hundra gånger att jag hade rätt och de där psykologerna var idioter! Nu ska jag gå raka vägen till dem. Jag vill ha alla mina pengar tillbaka!'

"Det fanns egentligen ingen fluga. Den enda skillnaden var att Mahatman tog hänsyn till mannen, vilket de andra inte gjort. De berättade sanningen men de hjälpte honom inte. Mahatman däremot stöttade honom, visade sin medkänsla, förstod honom och visade honom verklig kärlek. Detta hjälpte mannen att övervinna sin svaghet.

"Mahatman hade en djup förståelse för mannen, hans lidande och sinnestillstånd, så han tog sig ner till hans nivå. Å andra sidan, de andra förstod saken på sin egen nivå men tog ingen hänsyn till patienten."

Amma var tyst en stund och fortsatte sedan. "Min son, detta är hela processen med andligt förverkligande. Mästaren tar hänsyn till lärjungens 'fluga' av okunnighet – dvs egot – som om det vore sant. Bara genom att ta hänsyn till lärjungen och hans okunnighet vinner Mästaren fullständigt lärjungens samarbete. Mästaren kan inte göra något utan lärjungens samarbete. Men en lärjunge som verkligen är nyfiken har inga problem när det gäller att samarbeta med en genuin Mästare, eftersom Mästaren verkligen tar hänsyn till lärjungen och hans svagheter innan han hjälper lärjungen att vakna upp till verkligheten. Den sanna Mästarens verkliga arbete är att hjälpa lärjungen att också bli en Mästare i alla situationer.

Kärlekens livmoder

En frågeställare: Jag läste nyligen i en bok att vi alla har en andlig livmoder. Existerar sånt?

Amma: Det kan bara vara en liknelse. Det finns inget andligt organ som kallas för den andliga livmodern. Det kanske hänvisar till den mottaglighet vi utvecklar, att se och uppleva kärleken inom oss. Gud har försett varje kvinna med gåvan av en livmoder i vilken hon kan bära ett barn, vårda och nära det och slutligen föda det. På samma sätt måste vi skapa tillräckligt med rum inom oss för att kärleken ska kunna formas och växa. Vår meditation, bön och mantrarecitation kommer att vårda och nära den kärleken, och gradvis hjälpa "kärlekens barn" att växa och expandera bortom alla gränser. Ren kärlek är Shakti (energi) i dess renaste form.

Är andliga människor speciella?

En frågeställare: Amma, tycker Du att andlighet och andliga människor är speciella?

Amma: Nej.

Frågeställaren: Varför inte?

Amma: Andlighet handlar om att leva ett helt normal liv i samklang med vårt inre Själv. Så det är inget speciellt med det.

Frågeställaren: Menar Du att bara andligt sinnade människor lever ett normalt liv?

Amma: Sa Amma det?

Frågeställaren: Inte direkt, men ditt uttal antyder det, eller hur?

230

Amma: Det är din tolkning av Ammas ord.

Frågeställaren: Okej, men vad tycker Du om de flesta människor som lever i världen?

Amma: Inte de flesta människor – lever vi inte alla i världen?

Frågeställaren: Snälla Amma....

Amma: Så länge som vi lever i världen är vi världsliga människor. Men det som gör dig andlig är det sätt på vilket du ser på livet och dess upplevelser medan du lever i världen. Ser du min son, alla tror att de lever ett normalt liv. Om de lever ett normalt liv eller ej är något som varje individ måste ta reda på genom en riktig självrannsakan. Vi bör också veta att andlighet inte är något ovanligt eller märkvärdigt. Andlighet betyder inte att man blir speciell utan att man blir ödmjuk. Det är också viktigt att förstå att en mänsklig födelse är i sig själv väldigt speciellt.

Bara ett tillfälligt uppehåll

En frågeställare: Amma, varför är obundenhet så viktig i det andliga livet?

Amma: Inte bara andliga sökare, utan alla som önskar utveckla sin potential och sinnesfrid måste praktisera obundenhet. Att vara fri från alla band betyder att man blir sakshi (vittne) till alla upplevelser i livet.

Bundenhet är att lasta sinnet och obundenhet är att avlasta sinnet. Ju mer lastat sinnet är, desto mer stressat kommer det att vara och desto mer kommer sinnet att vilja bli avlastat. I dagens värld håller människornas sinnen på att bli överlastade med negativa tankar. Det kommer naturligt att framkalla en stark längtan, ett genuint behov av obundenhet.

Frågeställaren: Amma, jag vill verkligen praktisera obundenhet, men min övertygelse vacklar jämt.

Amma: Övertygelse uppstår bara tillsammans med medvetenhet. Ju mer medveten du är, desto mer övertygad blir du. Min son, se på världen som ett tillfälligt uppehåll, ett som är lite längre. Vi färdas alla och detta är ytterligare en plats vi besöker. Precis som på en buss- eller tågresa, kommer vi att träffa många medpassagerare, som vi kan prata och dela våra tankar med om livet och världsliga angelägenheter. Efter ett litet tag kanske vi till och med blir fästa vid personen som sitter bredvid oss. Men var och en av passagerarna måste stiga av när de når sin respektive destination.

Så när du träffar en person eller slår dig ner på en plats, var hela tiden medveten om att ni en dag måste skiljas. Om du utvecklar detta med en positiv inställning, kommer din medvetenhet definitivt att guida dig genom alla omständigheter i livet.

Frågeställaren: Amma, menar Du att man måste praktisera obundenhet medan man lever i världen?

Amma: (Leende) Var annars någonstans kan du lära dig obundenhet om inte medan du lever i världen? Efter döden? Att praktisera obundenhet är i själva verket att övervinna rädslan för döden. Det garanterar en helt smärtfri, lycksalig död.

Frågeställaren: Hur är det möjligt?

Amma: Därför att när du är obunden, förblir du ett vittne även under dödsupplevelsen. Obundenhet är den rätta inställningen. Det är den rätta uppfattningen. Är det bra eller dåligt om vi, när vi ser en film, identifierar oss med karaktärerna och senare försöker efterlikna dem i livet? När du ser filmen, var medveten om att det bara är en film, då kan du verkligen njuta av den. Den riktiga vägen till frid är ett andligt tänkande och ett andligt levnadssätt.

Du tvättar dig inte för evigt i floden; du tvättar dig för att sedan stiga upp ren och fräsch. På samma sätt, om du är intresserad av att leva ett andligt liv, se ditt familjeliv som ett sätt att bli av med dina vasanas (tendenser). Med andra ord, kom ihåg att du inte lever ett familjeliv för att gå för djupt in i det, utan för att förbruka det och andra relaterade vasanas och för att bli fri från handlingarnas slaveri. Ditt syfte bör vara att göra slut på negativa tendenser och inte att samla på dig nya.

Vad sinnet hör

En frågeställare: Amma, hur definierar Du sinnet?

Amma: Det är ett redskap som aldrig hör vad som sägs, utan bara vad det vill höra. Du blir tillsagd en sak och sinnet hör något annat. Därefter, genom en serie av klipp, redigering and inklistring, utför det en operation på vad det har hört. I den processen tar sinnet bort vissa saker från originalet och lägger till vissa andra saker. Det tolkas och putsas till det slutligen passar dig. Sedan övertygar du dig själv att det här är vad du blev tillsagd.

Det finns en liten pojke som besöker ashramet tillsammans med sina föräldrar. En dag berättade hans mamma för Amma om en intressant sak som hänt hemma hos dem. Mamman bad sonen att ta sina studier lite mer på allvar eftersom hans skolprov snabbt närmade sig. Men pojken hade andra prioriteringar. Han ville idrotta och se på filmer. De argumenterade tills pojken slutligen sa, "Mamma, har du inte hört vad Amma säger är så viktigt, i sina tal? Att man ska leva i nuet. Snälla, jag förstår inte varför du är så orolig för proven, som kommer senare, när jag har annat att göra just nu"! Det är vad han hörde.

Kärlek och oräddhet

För att illustrera hur kärleken tar bort all rädsla, berättade Amma följande.

Amma: Det fanns en kung för länge sedan som härskade över en indisk stat och som bodde i ett fort på toppen av ett berg. Varje dag kom en kvinna till borgen för att sälja mjölk. Hon brukade komma fram vid sextiden på morgonen och lämna fortet innan sex på kvällen. Exakt klockan sex stängdes den stora porten vid borgens ingång, och därefter kunde man varken komma in eller ut tills porten öppnades igen nästa morgon.

Varje morgon när vakterna öppnade de enorma järndörrarna stod kvinnan där med mjölkbyttan buren på huvudet.

En kväll kom kvinnan fram till porten några sekunder för sent och porten hade just stängts. Hon hade en liten pojke hemma som väntade på att hans mamma skulle komma tillbaka. Kvinnan föll ner vid vakternas fötter och vädjade till dem att släppa ut henne. Med tårar i ögonen sa hon, " Snälla ni, förbarma er över mig! Min lilla pojke kommer inte att kunna äta eller sova om jag inte är där. Stackars barn, han kommer att gråta hela natten utan sin mamma! Snälla! Låt mig gå!" Men vakterna var orubbliga eftersom de inte kunde gå emot den order de fått.

Kvinnan blev panikslagen och sprang omkring i fortet. Hon försökte desperat att hitta ett ställe där hon kunde ta sig ut. Hon stod inte ut med tanken på att hennes oskyldiga lilla pojke ängsligt väntade förgäves på att hon skulle komma hem.

Fortet var omringat av klippor, skogar fulla av taggiga buskar, klängväxter och giftiga växter. Allt eftersom mörkret föll blev kvinnan alltmer rastlös och hennes beslutsamhet att komma hem till sitt barn förstärktes. Hon vandrade längs borgväggen för att hitta en plats där hon kunde klättra ner och på något sätt ta sig hem till sin stuga. Slutligen hittade hon en plats där klipporna inte verkade vara så djupa och branta. Efter att ha gömt mjölkhinken i en buske, började hon försiktigt att klättra ner för berget. Och medan hon klättrade skar hon sig och fick blåmärken över hela kroppen. Men tanken på sonen fick henne att fortsätta och gjorde henne omedveten om alla motgångar. Slutligen lyckades hon komma ner för berget. Hon rusade hem och tillbringade lyckligt natten med sin son.

Nästa morgon när vakterna öppnade borgporten blev de mycket förvånade när de fick se kvinnan, som inte kunde komma ut kvällen innan, stående där och väntade på att få komma in.

De tänkte, "Om en vanlig mjölkerska har lyckats klättra ner från vår oövervinnliga fästning, måste det finnas ett ställe där fienden kan ta sig in och attackera oss!" Eftersom de insåg hur allvarlig situationen var, arresterade de kvinnan och förde henne till kungen.

Kungen var en man med stor förståelse och mognad. Hans vishet, tapperhet och ädla natur lovordades av hela folket. Han tog mycket artigt emot mjölkerskan. Med handflatorna sammanförda i en hälsning, sa han, "O moder, om mina vakter talar sanning när de säger att du lyckades fly härifrån igår kväll, skulle du kunna vara snäll och visa mig var du lyckades ta dig ner någonstans?"

Mjölkerskan ledde kungen, hans ministrar och vakterna till en viss plats. Där hämtade hon mjölkbyttan som hon gömt i busken kvällen innan, och visade den för kungen. Kungen såg ner på den branta berghällen och bad henne, "Moder, var snäll och visa oss hur du lyckades klättra ner här igår kväll."

Mjölkerskan tittade ner på den branta, avskräckande berg-väggen och darrade av rädsla. "Nej, det kan jag inte!" grät hon.

"I så fall, berätta bara om hur du lyckades göra det?" bad kungen.

"Jag vet inte!" svarade hon.

"Men jag vet", sa kungen mjukt. "Det var din kärlek till din son som gav dig styrkan och modet att göra det omöjliga."

I den sanna kärleken går man bortom kroppen, sinnet och alla rädslor. Den rena kärlekens kraft är oändlig. Den kärleken är allomfattande, allt genomträngande. I den kärleken kan man uppleva Självets enhet. Kärleken är själens andning. Ingen säger, "Jag kommer bara att andas i närvaron av min hustru, mina barn, föräldrar och vänner. Jag kan inte andas i närvaron av mina fiender, de som hatar mig och de som har misshandlat mig." Då kan du inte leva; du kommer att dö. På samma sätt, kärleken är en närvaro bortom alla olikheter. Den är allestädes närvarande. Den är vår livskraft.

Ren, oskyldig kärlek gör att allting blir möjligt. När ditt hjärta är fyllt av kärlekens rena energi, blir till och med en omöjlig uppgift lika lätt som att plocka upp en blomma.

Varför finns det krig?

E n frågeställare: Amma, varför finns det så mycket krig och våld?

Amma: På grund av bristande förståelse.

Frågeställaren: Vad är bristande förståelse?

Amma: Frånvaro av medkänsla.

Frågeställaren: Finns det något samband mellan förståelse och medkänsla?

Amma: Ja, när äkta förståelse uppstår lär du dig verkligen att ta hänsyn till den andra personen och du förbiser hennes svagheter. Den sanna kärleken utvecklas därifrån. När ren kärlek gryr inom dig, då gryr också medkänslan.

Frågeställaren: Amma, jag har hört dig säga att egot är orsaken till krig och konflikter.

Amma: Det stämmer. Ett omoget ego och bristen på förståelse är nästan samma sak. Vi använder så många olika ord. Men i grunden betyder de samma sak.

När människan förlorar kontakten med sitt inre Själv och blir mer identifierad med sitt ego, då kan det bara bli våld och krig. Det är vad som händer i dagens värld.

Frågeställaren: Amma, menar Du att människan lägger för mycket vikt vid den yttre världen?

Amma: Det är meningen att civilisationen (yttre bekvämligheter och utveckling) och samskara (betyder här att praktisera berikande tankar och egenskaper) ska gå hand i hand. Men vad ser vi i samhället? Andliga värderingar som snabbt urartar, eller hur? Konflikter och krig är den lägsta nivån i vår existens, och den högsta är *samskara* (en ädel kultur).

Tillståndet i världen i dag kan bäst beskrivas med följande exempel. Föreställ dig en väldigt smal väg. Två bilförare bromsar in sina mötande bilar när de kommit mycket nära varandra. Om inte en av dem backar och ger vika för den andra, kan de inte köra vidare. Men de sitter envist kvar där de är och säger att de vägrar att röra sig en enda centimeter. Situationen kan bara lösas om en av dem visar lite ödmjukhet och går med på att ge vika för den andra. Då kan de båda lätt köra till sina destinationer. Den som ger vika för den andra kan också känna glädjen i att veta att det var tack vare honom eller henne som den andra personen kunde åka vidare.

Hur kan vi göra Amma lycklig?

En frågeställare: Amma, hur kan jag tjäna dig?

Amma: Genom att osjälviskt tjäna andra.

Frågeställaren: Vad kan jag göra för att göra dig lycklig?

Amma: Hjälp andra att bli lyckliga. Det är verkligen det som gör Amma lycklig.

Frågeställaren: Amma, vill Du inte ha något av mig?

Amma: Jo, Amma vill att du ska vara lycklig.

Frågeställaren: Amma, Du är så vacker!

Amma: Den skönheten finns också inom dig. Du behöver bara hitta den.

Frågeställaren: Jag älskar dig, Amma!

Amma: Min dotter, i verkligheten är du och Amma inte två. Vi är en. Så det finns bara kärlek.

Det verkliga problemet

En frågeställare: Amma, Du säger att allting är ett. Men jag ser allt som åtskilt. Varför är det så?

Amma: Att se saker som om de är åtskilda eller olika är inte ett problem. Det verkliga problemet är att inte kunna se enheten bakom mångfalden. Det är en felaktig uppfattning, vilket verkligen är en begränsning. Ditt sätt att se på världen och vad som händer omkring dig behöver korrigeras. Därefter kommer allting automatiskt att förändras.

Precis som vår syn behöver korrigeras när våra yttre ögon försvagas – d.v.s. när vi börjar se dubbelt – behöver det inre ögat också justeras, genom anvisningar från någon som är grundad i upplevelsen av Enheten, en Satguru (sann Mästare).

Inget fel på världen

En frågeställare: Vad är det för fel på världen? Saker ser inte bra ut. Kan vi göra något åt det?

Amma: Det finns inget problem med världen. Problemet är människans sinne, egot. Det är det okontrollerade egot som gör världen problematisk. Lite mer förståelse och medkänsla kan skapa många förändringar.

Egot härskar över världen. Människor är hjälplösa offer för sina egon. Det är svårt att hitta känsliga människor, begåvade med kärleksfulla hjärtan. Hitta din egen inre harmoni, livets och kärlekens vackra inre sång. Gå ut och tjäna de som lider. Lär dig att sätta andra före dig själv. Men i kärlekens och tjänandets namn, bli inte förälskad i ditt eget ego. Behåll ditt ego, men var mästare över ditt eget sinne och egot. Ta hänsyn till andra därför att det är porten till Gud och till ditt eget Själv.

Varför ska man följa
den andliga vägen?

En frågeställare: Varför ska man följa den andliga vägen?

Amma: Det är som ett frö som frågar, "Varför ska jag ner under jorden, gro och växa upp?

Att handskas med andlig energi

En frågeställare: Åtminstone några få tappar förståndet när de har gjort andliga övningar. Varför händer det?

Amma: Andliga övningar förbereder din begränsade kropp och ditt sinne att kunna rymma den universella shaktin (energin). De öppnar porten till ett högre medvetande inom dig. Med andra ord, de handskas direkt med ren shakti. Om du inte är försiktig så kan det orsaka mentala och fysiska problem. Till exempel, ljus hjälper oss att se. Men för mycket ljus kan skada våra ögon. På samma sätt är shakti, eller lycksalighet, mycket välgörande. Men om du inte vet hur man handskas med det på rätt sätt, kan det vara farligt. Bara en Satgurus (sann Mästares) vägledning, kan verkligen hjälpa dig med detta.

Ett oskyldigt hjärtas klagan och medkänsla

En liten pojke kom springande till Amma och visade henne sin högra hand. Amma höll hans finger kärleksfullt i sin hand och frågade, "Vad är det, lillen?" Han vände sig om och sa, "Där...."

Amma: Där, vad då?

Pojken: Pappa....

Amma: Pappa, vad då?

Pojken: (Pekar med handen.) Pappa sitter här.

Amma: (Kramar barnet hårt.) Amma kallar på Pappa.

245

Då kom pappan fram till Amma. Han berättade att han på morgonen oavsiktligt satt sig ner på sonens hand. Det hade hänt hemma och den lilla pojken försökte nu förklara det för Amma.

Med barnet fortfarande i famnen, sa Amma, "Vet du vad gullet, Amma ska allt ge din pappa ordentligt med smisk. Okej?"

Pojken nickade på huvudet. Amma låtsades att hon gav pappan smäll, och pappan låtsades att han grät. Plötsligt tog pojken tag i Ammas hand och sa, "Det räcker!"

Amma kramade pojken ännu hårdare och skrattade. De hängivna som satt runt omkring Amma skrattade också.

Amma: Titta, han älskar sin pappa och han vill inte att någon ska skada honom.

Mina barn, precis som den här lille pojken, som kom och öppnade sitt hjärta helt och hållet för Amma, måste ni lära er att öppna era hjärtan till Gud. Amma låtsades bara att hon gav hans pappa smisk, men för honom var det verkligt. Han ville inte att hans pappa skulle känna sig ledsen. På samma sätt, mina barn, förstå andras lidande och var kärleksfulla mot alla.

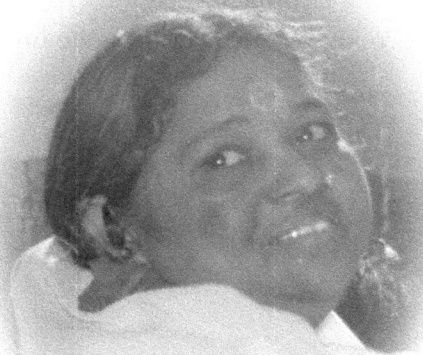

Att väcka lärjungen ur sin dröm

En frågeställare: Hur hjälper den andliga Mästaren lärjungen att transcendera egot?

Amma: Genom att skapa de nödvändiga situationerna som behövs. Det är faktiskt Satguruns kärlek som hjälper lärjungen.

Frågeställaren: Så vad är det egentligen som hjälper lärjungen? Situationerna eller den andliga Mästarens kärlek?

Amma: Situationerna uppstår som ett resultat av Satguruns oändliga kärlek.

Frågeställaren: Är såna situationer normala eller speciella?

Amma: Sinnet kommer att kämpa emot och protestera, eftersom det bara vill fortsätta att sova och drömma. Det vill inte störas.

Men en sann Mästare är den som stör lärjungens sinne. Satguruns enda mål är att väcka lärjungen. Så det finns en skenbar motsägelse. Men den sanna lärjungen med kärleksfull tillit, använder sin urskiljningsförmåga för att övervinna de inre konflikterna.

Lydnad mot Gurun

En frågeställare: Kommer en perfekt lydnad till den andliga Mästaren slutligen att leda till egots död?

Amma: Ja, det gör det. I Kathopanishaden[25] representeras Satgurun (den sanna Mästaren) av Yama, dödens herre. Det beror på att den andliga Mästaren symboliserar döden för lärjungens ego, vilket bara kan hända med en Satgurus hjälp.

Lärjungens lydnad mot Satgurun kommer från hans kärlek till Satgurun. Lärjungen känner sig oerhört inspirerad av Mästarens självuppoffring och kärlek. Han är så rörd av dessa egenskaper hos Mästaren att han spontant förblir öppen och lydig inför Mästaren.

Frågeställaren: Fodras det inte ett oerhört mod att möta egots död?

Amma: Definitivt. Det är därför det är så få som kan göra det. Att låta egot dö är som att knacka på dödens port. Det är vad Nachiketas, den unge sökaren i Kathopanishaden gjorde. Men om du har tillräckligt med mod och beslutsamhet att knacka på dödens port, då kommer du att upptäcka att det inte finns någon död. Därför att även döden, eller egots död, är en illusion.

---

[25] Kathopanishaden är en av de främsta Upanishaderna. Den handlar om hur pojken Nachiketa möter Yama, dödens herre, och de andliga lärdomar han får av Yama.

Horisonten är här

En frågeställare: Var gömmer sig Självet?

Amma: Den frågan är som att fråga, "Var gömmer jag mig?" Du gömmer dig inte någonstans. Du är inom dig själv. På samma sätt är Självet också inom dig och utanför dig.

Från havsstranden ser det ut som om havet och horisonten möter varandra på ett visst ställe. Låt oss säga att det finns en ö där och att det verkar som om träden vidrör himlen. Men om vi beger oss dit, kommer vi då att se mötesplatsen? Nej, inte alls. Platsen flyttar sig. Nu kommer horisonten att vara någon annanstans. Var är egentligen horisonten? Horisonten är precis här, där vi står, eller hur? På samma sätt är det som du letar efter precis här. Men så länge vi är hypnotiserade av vår kropp och vårt sinne, kommer den att förbli långt borta.

Vad den högsta kunskapen beträffar är du som en tiggare. Den sanna Mästaren kommer och säger till dig, "Se här, du äger hela universum! Släng bort din tiggarskål och sök efter skatten som är gömd inom dig."

Din okunnighet om verkligheten gör att du envist säger, "Du pratar strunt. Jag är en tiggare och jag vill fortsätta att tigga under resten av mitt liv. Var snäll och lämna mig i fred." Men en Satguru (sann Mästare) kommer inte att lämna dig på det viset. Satgurun kommer att påminna dig om samma sak, om och om igen, tills du är övertygad och börjar söka.

Kort sagt, Satgurun hjälper oss att inse sinnets tiggartillstånd och uppmanar oss att slänga bort tiggarskålen och hjälper oss att bli universums ägare.

Andlig tro och ett radband

Under en Devi bhava[26] i San Ramon, Kalifornien, skulle jag just gå och sjunga *bhajans* (indiska lovånger) när en kvinna kom fram till mig med tårar i ögonen.

Hon sa, "Jag har förlorat nåt som betydde mycket för mig." Hon lät förtvivlad. Hon sa, "Jag sov uppe på balkongen med mitt radband som min mormor har gett mig. När jag vaknade var det borta! Någon har stulit det. Radbandet är oersättligt. Gode Gud! Vad ska jag ta mig till?" Hon började gråta.

"Har du sökt bland hittegodsen?" frågade jag.

"Ja", svarade hon. "Men det var inte där."

"Gråt inte", sa jag. "Låt oss annonsera det på högtalarna. Om någon har hittat det eller tagit det av misstag, kanske de ger tillbaka det om du förklarar hur värdefullt det är för dig."

Jag skulle just föra henne till mikrofonen när hon sa, "Hur kan något sånt hända på en Devi bhava natt, när jag har kommit hit för att få Ammas darshan?"

När jag hörde henne prata på det viset, svarade jag spontant, "Ser du, du var inte tillräckligt uppmärksam. Det var därför du förlorade radbandet. Varför sov du med radbandet i handen, om det betydde så mycket för dig? Det finns alla möjliga slags människor här ikväll. Amma förkastar inte någon. Hon låter alla delta och vara lyckliga. Med tanke på det, skulle du ha tagit

---

[26] Det tillstånd i vilket Amma uppenbarar sin identifikation och enhet med den Gudomliga Modern.

252

bättre hand om ditt radband. Istället skyller du på Amma utan att själv ta ansvar för din egen vårdslöshet."

Men hon ändrade sig inte utan sa, "Min tro på Amma har skakats av detta."

Jag frågade henne, "Hade du någon tro att förlora? Om du hade verklig tro, hur skulle du då kunna förlora den?"

Hon svarade inte. Jag gick med henne till mikrofonen och hon läste upp sitt meddelandet.

Ett par timmar senare när jag slutat sjunga, träffade jag kvinnan vid hallens huvudentré. Hon stod och väntade på mig. Hon berättade att hon hittat radbandet. Någon hade sett det liggande på balkongen och tagit det. Han hade trott att det var en gåva till honom från Amma. Men när han fick höra kvinnans meddelande, gav han tillbaka det.

"Tack för ditt förslag", sa kvinnan.

"Tacka Amma för att hon är så barmhärtig att hon inte ville att du skulle förlora din tro", svarade jag. Innan jag tog farväl av henne sa jag, "Även om det finns två sorters människor här, så älskar de alla Amma. Annars hade du aldrig fått se ditt radband igen."

Kärlek och överlämnande

En frågeställare: Amma, vad är skillnaden mellan kärlek och överlämnande?

Amma: Kärlek är villkorlig. Överlämnande är ovillkorligt.

Frågeställaren: Vad betyder det?

Amma: I kärleken finns det en som älskar och den älskade, lärjungen och Mästaren, den hängivne och Gud. Men i överlämnandet försvinner de två. Endast Mästaren finns. Endast Gud finns.

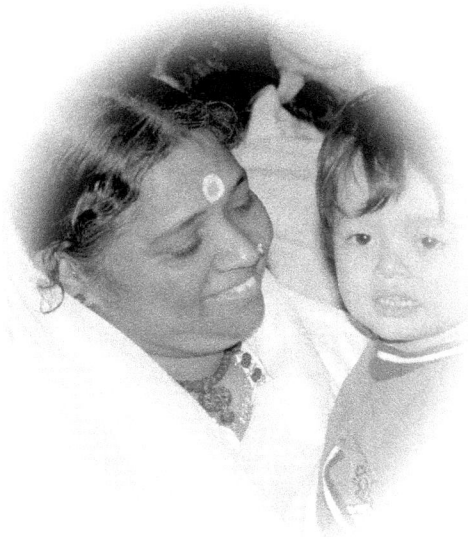

Medvetenhet och vaksamhet

En frågeställare: Är medvetenhet samma sak som vak-
samhet?

Amma: Ja, ju mer vaksam du är, desto mer medveten blir
du. Brist på medvetenhet skapar hinder på vägen till evig frihet.
Det är som att köra genom en dimma. Du kan inte se någonting
klart. Det är också farligt eftersom en olycka kan inträffa när som
helst. Å andra sidan, handlingar som är utförda med vaksamhet
hjälper dig att inse din inneboende gudomlighet. De hjälper dig
att utveckla din klarhet ögonblick efter ögonblick.

255

Från Ammas Hjärta

Andlig tro gör allting enkelt

En frågeställare: Varför är Självförverkligande så svårt att uppnå?

Amma: Självförverkligande är faktiskt enkelt, eftersom Atman (Självet) är det som är närmast oss. Det är sinnet som gör det svårt.

Frågeställaren: Men det är inte så det beskrivs i skrifterna och av de stora Mästarna. Medlen och metoderna är så rigorösa.

Amma: Skrifterna och de stora Mästarna försöker alltid att göra det enkelt. De påminner dig hela tiden om att Självet, eller Gud, är ditt sanna väsen, vilket betyder att det inte är långt borta. Det är ditt verkliga jag, ditt ursprungliga ansikte. Men du behöver ha tro[27] för att kunna insupa den sanningen. Brist på tro gör att vägen blir svår och tro gör den enkel. Säg till ett barn, "Du är en kung", och inom en sekund kommer barnet att identifiera sig med det och börja uppföra sig som en kung. Har vuxna en sån tro? Nej, det har de inte. Det är därför det är svårt för dem.

---

[27] Engelska "faith."

256

Att fokusera på målet

En frågeställare: Amma, hur kan man förbättra sin andliga färd?

Amma: Genom uppriktig sadhana (andliga övningar) och att fokusera på målet. Kom alltid ihåg att avsikten med din fysiska existens i den här världen är andligt förverkligande. Ditt tänkande och ditt levnadssätt måste formas så att de hjälper dig att gör framsteg på vägen.

Frågeställaren: Är att fokusera på målet samma sak som att vara obunden?

Amma: Den som är fokuserad på målet kommer automatiskt att vara obunden. Till exempel, om du färdas till en annan stad där du har brådskande affärer, kommer ditt sinne hela tiden att vara riktat mot det stället, eller hur? Du kanske ser en vacker park och en sjö, en fin restaurang, en jonglör som jonglerar med femton bollar, och så vidare. Men kommer du att känna dig attraherad till någon av dem? Nej. Ditt sinne fäster sig inte vid något annat än din destination. På samma sätt, om man är sant fokuserad på målet, följer obundenhet automatiskt.

Handlingar på den andliga vägen

En frågeställare: Vissa människor tror att handlingar skapar hinder på den andliga vägen och att det därför är bäst att avstå från dem. Är det riktigt?

Amma: Det är antagligen den lata människans definiering. Karma (handling) är i sig själv inte farligt. Men när en handling inte utövas tillsammans med kärlek, när den används för att tillfredsställa en själv och bara för att uppfylla ens bakomliggande motiv, då blir den farlig. Till exempel, under en operation måste läkaren vara fullt medveten och också ha en kärleksfull attityd. Om läkaren istället grunnar på bekymmer i hemmet, då minskar hans eller hennes medvetenhetsnivå. Det kan till och med riskera patientens liv. En sån karma är adharma (orätt handling). Å andra sidan, den känsla av tillfredställelse som läkaren får från en lyckad operation kan, med rätt inriktning, hjälpa honom eller henne att höja sig. Med andra ord, när karma utförs med medvetenhet och kärlek som drivkraft, påskyndar den vår andliga färd. Om vi däremot gör saker med lite eller ingen medvetenhet och brist på kärlek, då blir det farligt.

Att utveckla
urskiljningsförmågan

En frågeställare: Amma, hur utvecklas urskiljningsförmågan?

Amma: Genom att handla eftertänksamt.

Frågeställaren: Är ett urskiljande sinne ett moget sinne?

Amma: Ja, ett andligt moget sinne.

Frågeställaren: Kommer ett sånt sinne att ha en större kapacitet?

Amma: En större kapacitet och förståelse.

Frågeställaren: Förståelse för vad?

Amma: Förståelse för allting, varje situation och varje upplevelse.

Frågeställaren: Menar Du även negativa och smärtsamma situationer?

Amma: Ja, alla. Även smärtsamma situationer, när de förstås rätt på djupet, har en positiv effekt på våra liv. Precis under ytan av alla upplevelser, vare sig de är bra eller dåliga, finns ett andligt budskap. Så att se på allting från utsidan är materialism och att se allting från insidan är andlighet.

Det slutliga språnget

En frågeställare: Amma, finns det en tidpunkt i den andliga sökarens liv när han eller hon helt enkelt behöver vänta?

Amma: Ja. Efter att ha gjort andliga övningar under en lång tid, och efter att man ansträngt sig på alla nödvändiga vis, kommer det att finnas ett tillfälle när sadhaken (sökaren) måste sluta med all sadhana (andliga övningar) och tålmodigt vänta på att Upplysningen ska ske.

Frågeställaren: Kan sökaren själv ta det språnget vid den tidpunkten?

Amma: Nej. Det är i själva verket en kritisk tidpunkt, när sökaren behöver enormt mycket hjälp.

Frågeställaren: Kommer den andliga Mästaren att ge den hjälpen?

Amma: Ja, bara Satgurus (den sanna Mästarens) nåd kan hjälpa sökaren vid den tidpunkten. Det är då sökaren behöver absolut tålamod. Därför att den andliga sökaren har gjort allt han eller hon kunde, all möjlig ansträngning har gjorts. Nu är sökaren (sadhaken) hjälplös. Han eller hon vet inte hur man tar det sista steget. Vid den tidpunkten kan sökaren till och med bli förvirrad och vända sig tillbaka till världen, med tanken att ett tillstånd som Självförverkligande inte existerar. Endast Satgurus närvaro och nåd kan inspirera sökaren och hjälpa honom eller henne att transcendera det tillståndet.

Det lyckligaste ögonblicket i Ammas liv

En frågeställare: Amma, vad är det lyckligaste ögonblicket i ditt liv?

Amma: Varje ögonblick.

Frågeställaren: Vad betyder det?

Amma: Amma menar att Amma alltid är lycklig därför att, vad Amma beträffar, så finns det bara ren kärlek.

Amma sa inget mer under en stund. Darshan fortsatte. Då kom en hängiven fram till Amma och ville att Amma skulle välsigna en bild på gudinnan Kali som dansade på Herren Shivas bröst. Amma visade bilden för den hängivne i frågekön.

Amma: Se på den här bilden. Fast Kali ser vildsint ut, är hon i ett lycksaligt tillstånd. Vet du varför? Därför att hon just huggit av huvudet, egot, på sin älskade lärjunge. Huvudet anses vara egots säte. Kali firar det dyrbara ögonblick när hennes lärjunge fullkomligt transcenderat sitt ego. Ännu en själ som länge har vandrat i mörkret har befriats från mayas (illusionens) klor.

När en människa uppnår Befrielse, reser sig hela skapelsens *kundalini shakti* (andliga energi) upp och vaknar. Från och med den stunden ser han eller hon allt som varande gudomligt. På det viset utlöses början av ett evigt firande. Så Kali dansar i extas.

Frågeställaren: Menar Du att för dig också är det lyckligaste ögonblicket när dina barn lyckas gå bortom egot?

Ammas ansikte lystes upp av ett strålande leende.

Den största gåvan
som Amma ger

En äldre hängiven som led av framskriden cancer kom fram till Amma för darshan. Eftersom mannen visste att han väldigt snart skulle dö, sa han, "Adjö, Amma. Tack så mycket för allt Du har gett mig. Du överöste det här barnet med ren kärlek och visade mig vägen under den här smärtsamma tiden. Utan dig skulle jag ha fallit ihop för länge sen. Håll alltid den här själen tätt intill dig." Med de orden tog den hängivne tag i Ammas hand och tryckte den mot sitt bröst.

Mannen började gråta och täckte ansiktet med sina kupade händer. Amma omfamnade honom kärleksfullt medan hon torkade bort tårarna som rann nerför hans kinder.

Hon lyfte hans huvud från sin axel och såg djupt in i hans ögon. Han slutade gråta. Han såg till och med glad och stark ut. Han sa, "Tack vare all den kärlek Du har gett ditt barn, Amma, så är jag inte ledsen. Min enda oro är om jag även efter döden kommer att förbli i din famn eller inte. Det var därför jag grät. Annars är jag okej."

Amma såg in i hans ögon med djup kärlek och medkänsla. Hon sa mjukt, "Oroa dig inte, mitt barn. Amma kan försäkra dig om att du kommer att förbli för evigt i hennes famn."

Mannens ansikte lyste plötsligt upp med en enorm glädje. Han såg så fridfull ut. Amma hade fortfarande tårar i ögonen när hon såg honom gå därifrån.

Kärleken gör allting levande

En frågeställare: Amma, om allting är genomsyrat av medvetande, har saker som inte lever också ett medvetande?

Amma: De har ett medvetande, som du inte kan känna eller förstå.

Frågeställaren: Hur kan vi förstå det?

Amma: Genom ren kärlek. Kärleken gör allting levande och medvetet.

Frågeställaren: Jag har kärlek, men jag ser inte att allting lever och är medvetet.

Amma: Det betyder att det är något fel på din kärlek.

Frågeställaren: Kärlek är kärlek. Hur kan det vara något fel på kärlek?

Amma: Den sanna kärleken är det som hjälper oss att uppleva livet och livskraften överallt. Om din kärlek inte har låtit dig göra det, då är den kärleken inte verklig, utan illusorisk kärlek.

Frågeställaren: Men det är väl något som är mycket svårt att förstå och praktisera?

Amma: Nej, det är det inte.

Kvinnan satt tyst med ett förvirrat uttryck på ansiktet.

Amma: Det är inte så svårt som du tror. I själva verket gör nästan alla det. Men de är inte medvetna om det.

Just då kom en hängiven fram till Amma med en katt som hon ville att Amma skulle välsigna. Amma slutade att prata en stund. Hon höll kärleksfullt katten och smekte den. Hon satte sedan varsamt lite sandelträ-pasta på kattens panna och matade den med en chockladbit.

Amma: Pojke eller flicka?

Den hängivna: Flicka

Amma: Vad heter hon?

Den hängivna: Rose.... (mycket oroligt) Hon har inte mått bra de två sista dagarna. Snälla Amma, välsigna henne, så att hon blir frisk snart. Hon är min trogna vän och följeslagare.

När kvinnan sa de orden vällde tårarna upp i henne ögon. Amma strök kärleksfullt lite helig aska på katten och gav sedan katten tillbaka till kvinnan, som gick lättad därifrån.

Amma: För den dottern är hennes katt inte en av miljoner katter. Hennes katt är unik. För henne är den nästan som en människa. Hon känner att Rose har sin egen personlighet. Varför? För att hon älskar katten så mycket. Hon är oerhört identifierad med den.

Människor över hela världen gör det, eller hur? De döper sina katter, hundar, papegojor och ibland även träd. När de döpt dem och gjort dem till sina egna, så blir för just den personen det djuret, fågeln eller plantan unik och annorlunda i jämförelse med alla andra av den arten. Den intar plötsligt en position som något mer än bara en varelse. Individens identifikation med den ger den ett nytt liv.

Se på små barn. En docka blir en levande och medveten sak för dem. De pratar med dockan, matar den och sover med den. Vad är det som gör att dockan blir levande? Det är barnets kärlek till den, eller hur? Kärleken kan till och med förvandla ringa föremål till ett levande och medvetet ting.

Tala nu om för Amma, är en sån kärlek svår?

En underbar lektion i förlåtelse

En frågeställare: Amma, är det något Du vill säga till mig nu? Några särskilda instruktioner för mig vid den här tidpunkten i mitt liv?

Amma: (Leende) Ha tålamod.

Frågeställaren: Är det allt?

Amma: Det är en hel del.

Den hängivne vände sig och tog några steg bortåt när Amma ropade till honom, "Och du måste också förlåta!"

När mannen hörde Ammas ord vände han sig om och sa, "Pratar Du med mig?"

Amma: Ja, med dig.

Mannen kom tillbaka till Amma.

Mannen: Jag är säker på att Du ger mig en antydan, eftersom jag alltid upplevt att Du gjort det förut. Amma, var snäll och säg klart och tydligt vad det är Du föreslår.

Amma fortsatte att ge darshan medan mannen väntade på att få höra mer. Under ett tag sa inte Amma något.

Amma: Det måste vara något, en händelse eller situation som plötsligt dök upp i ditt sinne. Varför reagerade du annars så snabbt när du hörde Amma tala om förlåtelse? Min son, du hade inte samma reaktion när Amma sa till dig att ha tålamod. Du accepterade det och började gå härifrån, gjorde du inte det? Så det är något som verkligen stör dig.

När mannen hörde Ammas ord satt han tyst ett tag med huvudet nedböjt. Plötsligt började han gråta och täckte ansiktet med händerna. Amma kunde inte se sitt barn gråta. Hon torkade kärleksfullt hans tårar och strök honom över bröstet.

Amma: Oroa dig inte, min son. Amma är med dig.

Frågeställaren: (Gråter) Du har rätt. Jag kan inte förlåta min son. Jag har inte pratat med honom under det senaste året. Jag är djupt sårad och väldigt arg på honom. Snälla Amma, hjälp mig.

Amma: (Ser kärleksfullt på den hängivne.) Amma förstår.

Frågeställaren: Han kom hem en dag för ungefär ett år sen och var hopplöst nerknarkad. När jag ifrågasatte hans beteende blev han våldsam och skrek åt mig, och sen började han krossa tallrikar och förstöra saker. Jag förlorade fullständigt tålamodet och slängde ut honom ur huset. Sen dess har jag varken sett eller pratat med honom.

Mannen verkade vara helt förtvivlad.

Amma: Amma ser ditt hjärta. Vem som helst skulle ha kunnat förlora kontrollen i den situationen. Bär inte omkring på skuldkänslor om vad som hände. Men det är viktigt för dig att du förlåter honom.

Frågeställaren: Det vill jag, men jag kan bara inte glömma och gå vidare. Alltid när mitt hjärta säger till mig att jag ska förlåta honom, så ifrågasätter sinnet detta. Sinnet säger, "Varför ska du förlåta honom? Han har gjort ett misstag, så låt honom ångra sig och be dig om förlåtelse."

Amma: Min son, vill du verkligen läka situationen?

Frågeställaren: Ja, Amma. Jag vill det, och jag vill hjälpa både min son och mig själv att läka.

Amma: I så fall, lyssna aldrig på ditt sinne. Sinnet kan inte läka eller lösa en sån situation. Tvärtom, sinnet kommer bara att förvärra situationen och förvirra dig ännu mer.

Frågeställaren: Amma, vad är ditt råd?

Amma: Amma kanske inte kan säga vad du vill höra. Men Amma kan tala om för dig vad som verkligen kommer att hjälpa dig att lösa situationen och skapa fred mellan dig och din son. Ha tillit och saker kommer gradvis att rätta till sig.

Frågeställaren: Var snäll och undervisa mig, Amma. Jag ska försöka så mycket jag kan, att göra vad Du än säger.

Amma: Vad som än har hänt har hänt. Tillåt dig själv först att tro det och acceptera det. Lita sen på att bortom den kända orsaken fanns också en okänd orsak för den händelsekedja som ägde rum den dagen. Ditt sinne är kompromisslöst och vill ivrigt skylla på din son för allting. Bra. Betrakta just den händelsen. Det kan hända att det var hans fel. Men i alla fall....

Frågeställaren: (Ängsligt) Amma, Du avslutade inte vad Du skulle säga.

Amma: Låt Amma fråga dig en sak. Har du visat dina föräldrar mycket respekt och kärlek? Särskilt din far?

Frågeställaren: (Ser något förvirrad ut.) Jo, med min mamma hade jag ett helt underbart förhållande... men med min pappa hade jag ett fruktansvärt förhållande.

Amma: Varför?

Frågeställaren: För han var så sträng och det var svårt för mig att acceptera hans sätt.

Amma: Och det hände naturligtvis flera gånger att du var mycket oförskämd mot honom, vilket sårade honom, eller hur?"

Frågeställaren: Ja.

Amma: Det betyder att det du har gjort mot din far kommer nu tillbaka till dig i form av din son, hans ord och handlingar.

Frågeställaren: Amma, jag litar på dina ord.

Amma: Min son, visst led du en hel del på grund av ditt spända förhållande med din far?

Frågeställaren: Ja, det gjorde jag.

Amma: Förlät du honom någonsin och läkte ert förhållande?

Frågeställaren: Ja, men bara några dagar innan han dog.

Amma: Min son, vill du att din son ska gå igenom samma sak, vilket i sin tur också kommer att medföra elände till dig?

Mannen brast i gråt medan han skakade på huvudet och sa, "Nej, Amma, nej...aldrig."

Amma: (Omfamnar honom.) Så förlåt din son, för det är vägen till frid och kärlek.

Mannen satt bredvid Amma och mediterade en lång tid. När han lämnade sa han, "Jag känner mig så lätt och avslappnad. Jag ska träffa min son så fort som möjligt. Tack, Amma! Tack så mycket!"

Darshan

En frågeställare: Hur ska människor närma sig dig för att få en stark darshan från dig?

Amma: Hur upplever vi starkt en blommas skönhet och doft? Genom att vara fullständigt öppna för blomman. Antag att du är täppt i näsan, då kommer du att missa doften. På samma sätt, om ditt sinne är blockerat av dömande tankar och förutfattade meningar, kommer du att missa Ammas darshan.

En forskare ser på en blomma som ett objekt för experiment. Poeten som en inspiration för en dikt. Och musikern? Han sjunger om blomman. Och en medicinalväxtodlare ser den som källan till ett effektivt läkemedel. För ett djur eller en insekt är den bara mat. Ingen av dem ser blomman som en blomma, som en helhet. På samma sätt, har människor olika natur. Amma tar emot alla lika och ger dem alla samma möjlighet, samma kärlek, samma darshan. Hon förkastar inte någon eftersom de alla är hennes barn. Men beroende på hur receptiv mottagaren är, kommer darshan att vara olika.

Darshan finns alltid. Den är en aldrig sinande ström. Du behöver bara ta emot den. Om du helt och hållet kan dra dig tillbaka från sinnet, åtminstone under en sekund, kommer darshan att ske i all sin fullkomlighet.

Frågeställaren: I den meningen, tar alla emot din darshan?

Amma: Det beror på hur öppen personen är. Ju öppnare, desto mer darshan tar de emot. Alla får en glimt även om den inte är fullkomlig.

Frågeställaren: En glimt av vad då?

Amma: En glimt av vad de egentligen är.

Frågeställaren: Betyder det att de också får en glimt av vad Du verkligen är?

Amma: Verkligheten i både dig och Amma är densamma.

Frågeställaren: Vad är det?

Amma: Kärlekens lycksaliga tystnad.

Inte tänka utan lita på

En journalist: Amma, vad är ditt syfte med att vara på den här planeten?

Amma: Vad är *ditt* syfte med att vara på den här planeten?

Journalisten: Jag har satt upp vissa mål i livet. Jag tror jag är här för att uppfylla dem.

Amma: Amma är också här för att uppfylla vissa mål som är välgörande för samhället. Men till skillnad från dig, så *tror* inte Amma bara att de målen kommer att uppnås. Amma litar fullkomligt på att de målen kommer att uppnås.

AUM TAT SAT

www.ingramcontent.com/pod-product-compliance
Lightning Source LLC
Chambersburg PA
CBHW071951100426

42736CB00043B/2774